Ana Arelys Cruz Cabrera

Contraste de dos Ciudades
Santo Domingo y Providence

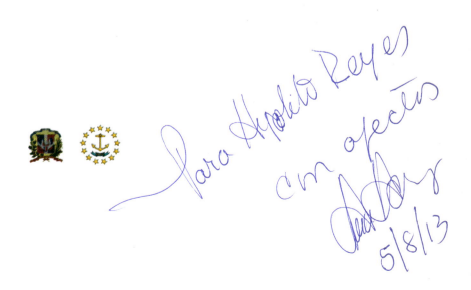

Para Hipólito Reyes
con afecto
5/8/13

Página del derecho de autor

Derechos de autor	@ 2012 Ana Arelys Cruz Cabrera
Creación artística de la Portada	Los Hermanos Osorio
Correctoras de Estilo	Adys Puello Cruz
	Karla Jaramillo
	Gladys Cruz
Diseño general	Frank Hernández/Ana Arelys Cruz Cabrera
Fotógrafos	**Santo Domingo, República Dominicana**
	Gladys Cruz
	Luis Oscar López Cruz
	Providence, Rhode Island
	Ana Arelys Cruz Cabrera
Escrito en Inglés y traducido por:	Ana Arelys Cruz Cabrera
Canción y Poemas	Ana Arelys Cruz Cabrera
1-Mi Quisqueya	
2-Indeleble	
3-Providence	
4-Roger Williams	

Autora

Ana Arelys Cruz Cabrera nació y creció en Santo Domingo, República Dominicana. Licenciada en biología del Rhode Island College, tecnóloga Registrada en Polisomnografía o estudios del sueño, Técnica Certificada en Cardiografía, Directora y la única Propietaria de Scituate Cardiac Diagnostix, un negocio especializado en interpretaciones de arritmias cardíacas en recién nacidos, niños y adultos.

Ella se desempeñó como Supervisora y Gerente del Departamento de Monitores Cardíacos y Transtelefónicos de una compañía a nivel nacional en los Estados Unidos en el servicio de monitores cardíacos y transtelefónicos.

Ha realizado diversos trabajos voluntarios para organizaciones sin fines de lucro en cargos directivos tales como moderadora y facilitadora de Las Comadres para las Américas y fue una de las fundadoras del capítulo de Rhode Island de las Comadres para las América, Co-Presidenta de Latinos Activos de Lifespan y Tesorera de la Asociación de Profesionales Latinos de Rhode Island. Actualmente reside en Rhode Island dedicada a su familia y escribiendo poemas, canciones y aprendiendo acerca de héroes históricos y patrióticos, mientras trabaja tiempo completo en el campo de la medicina del sueño. Ella es actualmente la única Latina Tecnóloga Registrada en Polisomnografía del Sueño en Rhode Island.

Dedicación

Dedico éste libro a mis hijos, Rocío y Joseph, quienes son la mitocondria de mi existencia, mi ímpetu y fuente de inspiración.

A mis hermanos.

A mis nietos Emmanuel, Evelyn, Analise y Lilliana que un día disfruten de éste libro que ha sido creado con ellos en mi mente. También para mis otros nietos, los quiero mucho.

Reconocimiento

Kin Sánchez Fernández
Asesor Cultural del Cluster Turístico de Santo Domingo (CTSD), Santo Domingo,
República Dominicana

Bertran Lippinccott, III
Bibliotecario, Investigaciones Históricas, Sociedad Histórica de Newport, RI

Gladys Cruz, Karla Jaramillo y Adys Puello
Correctoras de Estilo

Los Hermanos Osorio
Pintores artísticos

Evelyn Reyes, Marcelo Puello
Colaboradores

Gracias por su dedicación, contribución, guía y apoyo.

Comentario

"Nacer, formarse social y profesionalmente en una ciudad y establecerse, desarrollarse y materializar los sueños en otra urbe alejada geográficamente, parece ser característica general del instinto migratorio de los seres humanos. Mucho más aún, en este mundo globalizado que nos ha tocado vivir. Pero todavía sigue siendo bastante singular, que quien emigra sea capaz de amar por igual la ciudad de su pasado y la ciudad de su presente. Más peculiar todavía es que el amor por ambas pueda establecer vínculos con los valores que están asentados en el alma de la autora. Resulta encantador y sorprendente que se puedan descubrir similitudes históricas en conglomerados humanos separados por la distancia, el tiempo, la cultura y los idiomas.

La Señora Ana Arelys Cruz Cabrera mantiene a Santo Domingo intacto en su corazón que comparte con Providence, capital de Rhode Island donde reside. Se enorgullece de la historia de ambas ciudades, muy especialmente de que en ambas se defendieron con valentía los derechos y la dignidad de los aborígenes de este continente, al que los europeos colonizadores llamaron Nuevo Mundo. Ese ejercicio de cariño logra detectar como bases importantes de la fundación de estas ciudades la fe, cristiana, el amor a la libertad y a la capacidad para establecerse en un lugar totalmente diferente a los ancestros de los fundadores.

Así como destaca las similitudes también nos hace ver las diferencias, que en éste caso no crean discrepancias sino que son colores que contribuyen a dar equilibrio y fuerza al cuadro que nos pinta la autora.

Dos ciudades, dos escenarios, dos historias y un solo corazón. Este libro es un ejercicio de amor en el que se destacan los puntos básicos de nuestra sociedad: fe, libertad, patriotismo, familia, dignidad, y una fuerte vocación por la libertad.

Este libro es un homenaje a la ciudad natal y a la ciudad que la ha adoptado y en la cual ha realizado sus propósitos de vida."

Kin Sánchez Fernández
Asesor Cultural del Cluster Turístico de Santo Domingo (CTSD), República Dominicana

Comentario

Ha sido un honor para mí ser parte de ésta maravillosa experiencia contigo. Se que éste libro ha sido un trabajo de amor y dedicación. Me sorprendí de la cantidad de información que tú fuiste capaz de documentar y comunicar, no fue un trabajo fácil como pudimos aprender durante el proceso de revisión y me siento muy orgullosa de lo que lograste. Todo comenzó con una idea y floreció en un maravilloso libro detallando importantes factores acerca de dos ciudades diferentes, en dos países separados por millas de distancia pero unidos por una mujer que los ama a los dos. Te deseo lo mejor en el lanzamiento de tu primer libro y muchos éxitos en los libros que seguirán. Sé que tu pasión te llevará lejos.

Lic. Karla Jaramillo

Tabla de Contenidos

Parte 1

El Malecón, Santo Domingo, República Dominicana

Introducción

Nací en Santo Domingo, República Dominicana, con unas raíces familiares extraordinariamente firmes, con un inmenso amor por nuestra patria, pero lo más importante es el respeto incondicional por nuestros padres.

Mi madre solía decir, "Tus hermanas son tus mejores amigas." ¡Esto es tan cierto! La palabra amor no tiene límites gracias a ellas.

Las hermanas y los hermanos juegan un papel preponderante en la vida de la familia Dominicana. Ellos tienen una variedad de responsabilidades, y si los padres están ausentes, el mayor asumirá el papel de líder o asistirá a la madre o al padre a cumplir con la misión de la familia.

A nosotros nos enseñan a honrar nuestra bandera, cada mañana antes de entrar al salón de clases en la escuela elemental se cantaba nuestro Himno Nacional y el Himno de la bandera mientras ésta era izada.

Ana Arelys Cruz Cabrera

2

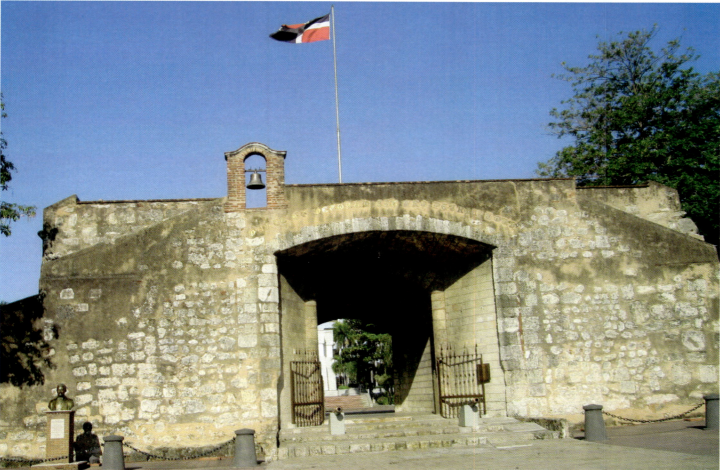

Subiendo la Bandera Dominicana en la Puerta del Conde, República Dominicana

Mi madre también decía," Nuestros vecinos son nuestra primera familia, tú los ayudas cuando sea necesario dándole su espacio y respecto, y siempre tendrás una familia cerca cuando la necesites."

Los dominicanos creemos que después de la alimentación, la educación es la segunda necesidad más importante de un ser humano. Este es otro concepto muy seguido por la mayoría de las familias Dominicanas. En mi familia, nuestra educación no era opcional, era un requisito para cada uno de nosotros. Por lo que estábamos convencidos de que una buena educación es el camino para una vida floreciente, prolífera y provechosa.

Después de asistir a la Escuela de Medicina en La Universidad Autónoma de Santo Domingo por algunos años, viajé a los Estados Unidos y llegué al estado de Rhode Island and Providence Plantations buscando nuevas y mejores expectativas. Sin embargo, aunque el clima es diferente al de Santo Domingo, encontré éste estado atractivo. He visitado otras ciudades pero ésta era diferente.

Inexplicablemente, cuando visitaba el centro de la ciudad de Providence, experimentaba una mezcla de atracción y emociones. Los detalles arquitectónicos, las calles melancólicas, el contraste entre las plantas verdes y el cielo azul claro hacían hasta el simple acto de respirar más intenso.

Un día cuando contemplaba el edificio de la Corte Federal desde el Parque Burnside, me di cuenta que el torrente de inquietudes, orgullo, amor y curiosidad, acerca de ésta ciudad fue la misma que había sentido por mi querido Santo Domingo. Decidí investigar acerca de éstas dos ciudades que profundamente adoro y compartir los resultados con el mundo.

Centro de la Ciudad de Providence

Parque Burnside y el edificio Federal de Providence, RI

Barrio Italiano de la ciudad de Providence, Federal Hill, RI

Capital de Santo Domingo, República Dominicana

El Aeropuerto T.F. Green, Warwick, Rhode Island

Plaza de la Bandera, Santo Domingo, República Dominicana

5

República Dominicana también conocida como Quisqueya

Mi Quisqueya

*Mi Quisqueya adorada
que desde el pico más alto te vistes como la reina que siempre fuiste.
Y con orgullo al mundo ofreciste
un hombre tan digno y valiente como Enriquillo
y mujeres tan integras que combatieron el mal
como las hermanas Mirabal.*

*Un pueblo que adora, protege, y defiende
su libertad hasta que haya gente*

*Un padre protector también nos diste
que nos amó y defendió como tú lo hiciste.
Y nos enseñó a amarte sin límites y a defender tu bandera desde
Cualquier sitio.*

*Un pueblo que se ufana de su grandiosa conquista
La soberanía, la autonomía
Y el demostrar lo que tanto sabía
que dirigir nuestro destino si podíamos*

*Y si mancillarte se les ocurre de nuevo un día,
te aseguro que no podrían,
porque somos muchos los que en tu defensa y desde cualquier lugar saldríamos.*

6

Santo Domingo

Santo Domingo, la capital de la República Dominicana, es una ciudad hermosa reconocida nacional e internacionalmente por su valor histórico. Fue fundada por Bartolomé Colón en 1496 bajo el nombre de Santo Domingo. Bartolomé Colón era el hermano de Cristóbal Colón quien en Diciembre 5, 1492 arribó a la isla conocida como La Española, después de anteriormente haber pasado por las Bahamas y Cuba. La Ciudad de Santo Domingo está localizada en la parte sur de la República Dominicana.

Primeros países visitados por Colón antes de llegar a la Hispaniola, por los Hermanos Osorios

Ana Arelys Cruz Cabrera

7

Bahamas

La Habana Cuba

Catedral Metropolitana de Santo Domingo, Ciudad Colonial

Cristóbal Colón

Cristóbal Colón fue un extraordinario navegante italiano, aventurero y colonizador, quien con el apoyo económico del Rey Fernando de Aragón y la Reina Isabel de Castilla, de España, llegó a las Islas del Caribe en vez del oeste de las Indias en Asia como el predijo. Cristóbal Colón fue el primer europeo que llegó a la segunda isla más grande que se encuentran localizadas en el mar Caribe también llamadas las Antillas Mayores. Las mismas están compuestas por Cuba, la isla más grande (110,860 Km2), La Española, la segunda más grande de las islas (76,480 km2), Jamaica (10,991 km2) y Puerto Rico (9,104 km2).

Estatua de Cristóbal Colón, Santo Domingo, Ciudad Colonial, Rep. Dom.

Pintura de la réplica de los Tainos, Museo del Hombre Dominicano

Los Taínos

Cristóbal Colón se embarcó hacia el oeste de Asia con el propósito de encontrar oro y una ruta más fácil hacia Asia. Las personas que habitaban la Isla la Española cuando Cristóbal Colón llegó eran llamados Taínos y su territorio estaba dividido en Cacicazgos o reinos con un rey o cacique dirigiendo cada cacicazgo, incluyendo el reino o cacicazgo Jaragua dirigido por la Reina Anacaona, heredado de su hermano Bohecchio. Los otros cuatro cacicazgos de la isla eran el Cacicazgo Marién dirigido por Guacanagarix, quien fue el cacique que le dió la bienvenida a Colón al llegar a la isla; el Cacicazgo o Reino Maguana dirigido por Caonabo; el cacicazgo Maguà dirigido por Guarionex y el cacicazgo de Higüey a cargo de Cotubanamá.

Aunque el primer encuentro con los españoles fue muy amistoso, la relación cambió drásticamente, cuando los españoles dejados por Colón en la isla, cometieron actos inaceptables contra los nativos forzándolos a defenderse, y de ésta manera ocurrió la primera confrontación belicosa con los visitantes.

La isla fue conquistada por los españoles, y una de las consecuencias fue la aniquilación de los nativos Taínos. Cuando Nicolás de Ovando gobernaba la isla, un gran número de caciques, incluyendo a la Reina Anacaona, fueron invitados para festejarla; en cambio ella fue ahorcada en frente de su gente y los demás caciques fueron matados o quemados al final de ésta reunión.

Desafortunadamente, éste es solamente una de las más impactantes masacres de lo que fue un escenario frecuente en La Española después de la conquista, incluyendo la destrucción de Higüey y Bahoruco.

9

Enriquillo

Entre esos Taínos y sus descendientes, había un hombre que es inolvidable para la mayoría de los dominicanos, Enriquillo. Él, conocido también como Guarocuya, era hijo de un Rey Taíno y fue asignado al encomendero Francisco Valenzuela después de la matanza de Jaragua. El sistema de encomiendas fue establecido para distribuir a los nativos por asignación para servirles a los españoles o encomenderos quienes eran responsables de ellos; y si era un niño (a) nativo descendiente de un cacique, debía ser educado como un español. Enriquillo era el hijo del jefe indio Maniocatex, víctima también de la matanza de Jaragua, y sobrino de la Reina Anacaona.

Enriquillo, quien sabía escribir y leer en Español, inició una rebelión en contra de los españoles debido en parte, al nivel extremo de injusticia cometido contra los nativos, así como el obligarlos a cultivar la tierra y a extraer oro sin descanso; como también al demostrado interés romántico e irrespeto de Andrés Valenzuela Jr. (hijo de Francisco Valenzuela) hacia la esposa de Enriquillo, Mencía. La rebelión de Enriquillo duró 14 años (1519-1533).

El mayor logro de Enriquillo fue el obtener y firmar el primer tratado de paz con los españoles, que incluía, el retorno de las tierras de parte de los españoles a los Taínos. El tratado de paz obtenido por Enriquillo fue el único en su clase durante ese período; por lo tanto, fue un verdadero triunfo para el caudillo. Las tribus taínas vivieron pacíficamente en los territorios asignados a Enriquillo. Él murió algunos años más tarde y sus restos se encuentran en una iglesia en Sabana Grande de Boyá, República Dominicana.

Estatua de Enriquillo, Museo del Hombre Dominicano

Ana Arelys Cruz Cabrera

10

Los Restos de Cristóbal Colón

Cristóbal Colón murió en Valladolid, España el 20 de Mayo de 1506, y sus restos están en un prestigioso monumento construido en su honor en la República Dominicana llamado Faro a Colón.

Casa utilizada por Colón en su último viaje a Santo Domingo

Plaza de España y estatua de Nicolás de Ovando

El Faro a Colón, idealizado por Antonio del Monte y Tejada, Santo Domingo, República Dominicana

Ana Arelys Cruz Cabrera

11

Puerta de San Diego, Ciudad Colonial de Santo Domingo

12

Santo Domingo, Ciudad Colonial

La ciudad de Santo Domingo fue trasladada a la ribera oeste y al lado oeste del río Ozama por Nicolás de Ovando quien fue el más despiadado de los gobernadores de èsta ciudad durante la colonización, permitiendo las acciones más atrozes en contra de los nativos de La Española.

La destrucción masiva de Higüey ocurrió durante su administración como gobernador de la Española.

Santo Domingo es una ciudad colonial distintiva y antigua, limitada al Norte por la Avenida Mella, al Noroeste por la Calle Juan Parra Alba y la Avenida Presidente Francisco Alberto Caamaño Deñó, al Oeste por la Calle Pina y parte del Parque Independencia, y al Sur por la Calle Paseo del Presidente Billini. La principal entrada de la ciudad cuando ésta fue construída era la Puerta de San Diego; luego, otras puertas fueron construídas, como la Puerta de la Misericordia y la del Conde.

Limitaciones geográficas de la Ciudad Colonial de Santo Domingo

Calle Fancisco Alberto Caamano Deñó (Este)

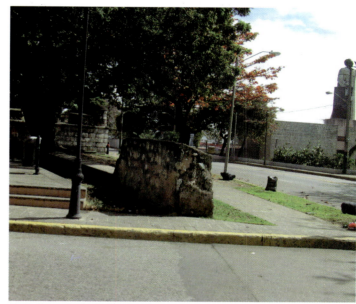

Calle Paseo Padre Billini (Sur)

Calle Pina y Parque Independencia (Oeste)

Juan Parra Alba (noroeste), Avenida Mella (Norte)

Ana Arelys Cruz Cabrera

13

Al caminar por esas calles y al apreciar los detalles de esos edificios opulentamente decorados, eso muestra el avanzado conocimiento arquitectónico de los españoles del Siglo XVI. Estos edificios y casas no solo son hermosos, además, cada uno de ellos tenía un propósito que cumplir. Los detalles que individualmente los adornan son maravillosos también románticos. La primera catedral, el primer hospital, la primera universidad, y la primera fortaleza del nuevo mundo fueron todos construídos en Santo Domingo, una ciudad que se encuentra donde el Río Ozama y el Mar Caribe se unen.

14

Puerta del Conde, Ciudad Colonial, Santo Domingo

Ana Anelis Cruz Cabreta

15

Ciudad de Santo Domingo, vista de la unión del Mar Caribe y el Río Ozama

16

Imperial Convento de los Dominicos.

Universidad Santo Tomás de Aquino
(Imperial Convento de los Dominicos)

La Universidad Santo Tómas de Aquino fundada en Octubre de1538, fue después renombrada Universidad Autónoma de Santo Domingo (UASD), y es reconocida como la primera Universidad del Nuevo Mundo, seguida por la universidad de Michoacán en México, 1539. Fue fundada en el Imperial Convento de los Dominicos en la Ciudad Colonial por "Bula Papal in Apostolatus Culmine" emitida por el Papa Pablo III. Comenzó su primer año académico con cuatro facultades o programas educativos, incluyendo medicina, ciencias, economía, y leyes. Una de sus misiones es formar los científicos, tecnólogos, y profesionales del arte, y elevar los niveles culturales de la sociedad colonial.

Esta universidad ha pasado por diferentes etapas y transformaciones desde su apertura, incluyendo el cierre de sus puertas por diferentes razones, y en diversas ocasiones como durante la invasión de Haití en 1801. Sin embargo, sus puertas han sido reabiertas tantas veces como han sido cerradas.

Actualmente, la Universidad Autónoma de Santo Domingo (UASD), ofrece una gran variedad de carreras técnicas y programas para estudiantes universitarios y profesionales, incluyendo medicina, leyes, ciencias, salud, artes liberales, y arquitectura, entre otras, y cuenta con numerosos centros regionales en diferentes ciudades y pueblos de la República Dominicana, incluyendo Santiago, San Francisco de Macorís, Higüey, Puerto Plata, Barahona, Santiago Rodríguez, Baní, Hato Mayor, San Cristóbal y La Vega. El orgullo y el sentimiento maravilloso experimentado y expresado por los dominicanos que se han graduado o que han cursado gran parte de sus estudios en la UASD son abrumadores.

Tarja de la Universidad Santo Tómas de Aquino

Ana Arelys Cruz Cabrera

17

Imperial Convento de los Dominicos, Ciudad Colonial

18

Montesinos y las Leyes de Burgos

Fue dentro de ésta edificación que Fray Antonio de Montesinos (uno de los frailes de la orden católica de los Dominicos) emitió su excepcional sermón en favor de los nativos de la Española. Este sermón ha sido considerado el primer acto en defensa de los derechos humanos en América, y el primer evento documentado en defensa de los nativos en América. El sermón fue escrito por Fray Pedro de Córdoba (líder de los Dominicos en Santo Domingo) y tuvo lugar el domingo 4 de diciembre de 1511.

Montesinos condenó fuertemente las acciones de los encomenderos y los líderes de la isla La Española contra los Taínos. El expresó lo terrible que era el ver los Taínos morir por el exceso de trabajo que tenían que realizar sin descanso. El también denunció la falta de compasión hacia ellos de parte de los encomenderos que le negaban la atención médica cuando éstos estaban enfermos y los forzaban a vivir en condiciones infrahumanas.

El Sermón de Adviento, como es también conocido, le causó a Montesinos y a los frailes Dominicos serias dificultades con el Gobernador de Santo Domingo en ese tiempo, Don Diego Colón y los encomenderos, que desaprobaron sus acciones. Montesinos fue obligado a viajar a España para defender ante el Rey la posición de los Dominicos.

A pesar de que el Rey ignoró a Montesinos a su llegada a España, sin embargo, Montesinos recibió completo apoyo de la orden de los Dominicos porque la decisión de dar el mensaje del sermón fue unánime. Cuando el rey finalmente escuchó las explicaciones de Montesinos, la relación cambió y las Leyes de Burgos fueron creadas y firmadas por el Rey de España Ferdinand II en el año 1512 para proteger de alguna manera a los nativos de la Española. Un tiempo más tarde, éstas sirvieron para proteger a los nativos de América al permitirles tiempo de descanso después de cierta cantidad de horas trabajadas, mejor alimentación y mínimos cuidados si estaban enfermos. Sin embargo fue un poco tarde cuando las leyes se hicieron efectivas para los Taínos. La población se había reducido mucho.

Estatua de Fray Antonio de Montesinos, y El Faro a Colón en la distancia

19

Campus actual de la Universidad Autónoma de Santo Domingo

Bandera de la UASD, Ciudad Universitaria

Santo Domingo, República Dominicana

20

La Madre, jardines del Alma Mater, UASD, Ciudad Universitaria, Santo Domingo

21

Alma Mater, lema de la UASD: Decana del Nuevo Mundo

22

23

Túnel de la UASD, Avenida Ortega y Gasset

24

Inaugurado en Enero de 2012

TUNEL UASD
ABIERTO
BIENVENIDO

50

Ana Arelys Cruz Cabrera

25

Hospital San Nicolás De Bari

El Hospital San Nicolás De Bari fue el primer hospital del Nuevo Mundo, y fue construído por orden de Nicolás de Ovando en la Ciudad Colonial. Abierto en 1503, y tenía capacidad para 70 pacientes. Hoy, solo sus ruinas son preservadas después que parte de sus edificaciones fueron demolidas por ser consideradas en peligro de caer en 1908.

26

Ruinas del Hospital San Nicolás De Bari, Ciudad Colonial, Santo Domingo

Fortaleza Ozama, actualmente es un museo

Ana Arelys Cruz Cabrera

28

La Fortaleza Ozama

La fortaleza Ozama es parte de la Ciudad Colonial de Santo Domingo, un lugar considerado de Herencia Mundial. Fue construída entre el 1502 y 1508 en las orillas del río Ozama por orden del Gobernador Nicolás de Ovando para proteger la ciudad. Ha sido restaurada, y sus estructuras están en buenas condiciones.

Nuestra Señora de la Encarnación, Catedral Metropolitana de Santo Domingo

Esta catedral fue construida en Santo Domingo en el Siglo XVI. Su construcción fue lograda combinando los estilos gótico, romanico, y pintoresco, con un sofisticado trabajo en piedras caliza de un color amarillento que todavía hoy se puede apreciar después de 475 años de su apertura en 1546. Esta fue inaugurada bajo el nombre de Catedral Metropolitana de Indias por el Papa Pablo III y en honor a Santa Maria de la Encarnación. La catedral consiste en una nave (parte central), 12 impresionantes capillas y tres puertas que la conectan con tres puntos importantes de la Ciudad Colonial; una está dirigida a la Plaza Mayor o Plaza de Colón, la misma tiene acceso a la Calle Meriño y la última a la Plazoleta de los Curas. Esta catedral tiene un valor histórico incalculable y su diseño es único en toda America. Los restos de Cristóbal Colón se encontraron en 1886 en ésta catedral hasta que fueron transladados en 1992 al edificio construido en su honor, El Faro a Colón.

Catedral Metropolitana de Santo Domingo, Ciudad Colonial

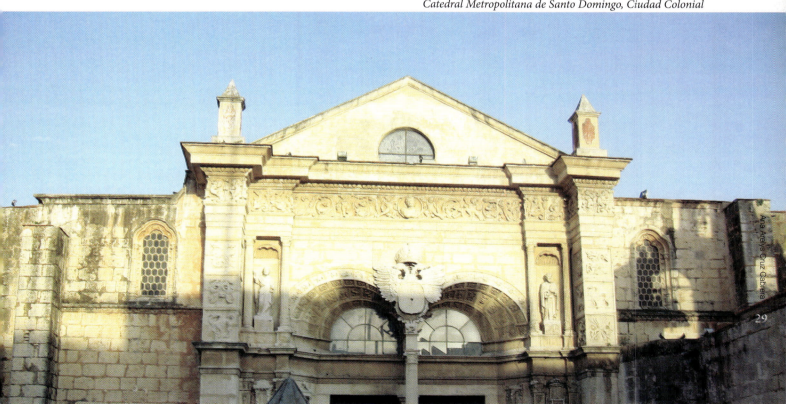

Parte lateral derecha de la Catedral Metropolitana de Santo Domingo, Parque Colón, Ciudad Colonial

30

El Siglo XVI fue una época en la cual las contrucciones y decisiones para el futuro del nuevo continente estaban en ebullición en la Española. Las construcciones fueron mayormente hechas en La Ciudad Colonial de Santo Domingo, centro de operaciones de los conquistadores españoles del Continente Americano. En ésta ciudad también fueron construidos la Plazoleta de los Cura y los edificios de el Museo de Las Casas Reales, la Iglesia Las Mercedes y el Panteón de la Patria, entre otros.

Al caminar por éstas relajantes calles entre éstos edificios y sentir la indescriptible brisa tropical, nos hace apreciar aún màs los detalles de éstos impresionantes edificios que incluyen también la primera calle comercial de la Ciudad Colonial, Calle La Atarazana.

Calle la Atarazana, Ciudad Colonial de Santo Domingo

32

La Plazoleta de los Curas

La Plazoleta de los Curas fue construida en 1541 por orden del entonces Obispo Alfonso Fuenmayor. Es una plaza grande y los hermosos colores de la variedad de flores y plantas que la adornan son un regocijo visual. Sus tres puertas abren diariamente al amanecer y cierran en el anochecer.

Plazoleta de los Curas

Plaza de los Curas, Ciudad Colonial

El Museo de las Casas Reales

El Museo de las Casa Reales es en la actualidad donde importantes eventos culturales son celebrados. Fue fundado en 1511 por orden del Rey de España para ser utilizado como sede de la Real Audiencia y Capitoneos Generales. Fue el principal centro de
gobierno de las Américas en la primera etapa de la conquista y la colonización.

34

Museo de las Casas Reales, Ciudad Colonial, Santo Domingo

35

La Iglesia las Mercedes o Convento de Nuestra Señora de la Merced

La construcción de la Iglesia las Mercedes fue terminada en el 1555 en la Ciudad Colonial de Santo Domingo. Esta iglesia tiene detalles arquitectónicos muy particulares debidos en parte al tipo de material utilizado para su construcción, los cuales le dan un colorido rojizo que se observa en el exterior de la bóveda y la fachada.

No solamente durante la colonización, pero también ahora, La Iglesia de las Mercedes ha sido y es considerada una de las más bellas iglesias de la Ciudad Colonial. Este es uno de los edificios de èsta Ciudad de Santo Domingo que màs me ha impresionado por su elegancia, imponencia y cuidadosos detalles arquitectónicos del período colonial europeo de los Siglo XVI. En este convento vivió Fray Gabriel Pellez conocido después como Tirso de Molina creador del Don Juan Tenorio. (un personaje religioso y ficticio que él creó en el 1630).

Iglesia Las Mercedes, Ciudad Colonial de Santo Domingo

Interior de la Iglesia Las Mercedes

La Virgen de las Mercedes es la Patrona de la República Dominicana, y la Virgen de la Altagracia es la virgen Protectora y más venerada del país. Cada año importantes celebraciones se realizan en todo el país el día 21 de Enero para adorarla, especialmente en la Provincia de Higüey donde se encuentra su basílica.

Virgen de la Altagracia

*Basílica Nuestra Señora de la Altagracia, Provincia
de Higüey, localizada al Este de Santo Domingo*

El Panteón de la Patria

El Panteón de la Patria es una estructura construida en el Siglo XVII por los Padres Jesuitas quienes llegaron a Santo Domingo en1650. Este edificio fue originalmente el Convento de los Jesuitas, y en 1958 fue convertido en el Panteón de la Patria. En éste edificio se encuentran los restos de héroes dominicanos, tales como Gregorio Luperón, uno de los grandes líderes dominicanos que luchó en favor de mantener la independencia del país, y Concepción Bona, heroína Dominicana, entre otros.

Interior del Panteón de la Patria, Ciudad Colonial

Panteón de la Patria, Ciudad Colonial

40

Otra vista del interior del Panteón de la Patria

41

Ruinas de San Francisco

El Monasterio de San Francisco es otra de las importantes edificaciones del período de la colonización. Su construcción se inicio en 1545 y se concluyó en 1664. Se utiliza como escenario de conciertos, teatro y ballet. Los domingos por la tarde frente a la puerta principal, se presentan teatro clásico popular y la música caribeña Hoy solo quedan sus ruinas que son conservadas y protegidas con esmero.

Ruinas del Monasterio de San Francisco, Ciudad Colonial, Santo Domingo

42

MONUMENTO RUINAS DE
SAN FRANCISCO
COMPLEJO ARQUITÉCTONICO DEL SIGLO XVI CONFORMADO
POR IGLESIA, CONVENTO Y CAPILLA DE LA ORDEN
TERCIARIA. EN 1543 EL MAESTRO RODRIGO DE LIENDO
INICIA SU CONSTRUCCIÓN, LA CUAL SE EXTIENDE HASTA
1664. FUE SEDE DE LOS FRAILES FRANCISCANOS, QUIENES
LLEGARON A LA ISLA EN 1502. SU ESCUDO Y CORDÓN
DISTINTIVO SE MUESTRAN EN RELIEVE EN EL PORTAL DE
ENTRADA AL CONVENTO.

Colonizadores de la Colonia

El esplendor de Santo Domingo atrajo aventureros, piratas e invasiones inglesas, pero solamente dos paises Europeos gobernaron la isla, España y Francia. Através del tiempo, Santo Domingo fue usada como el centro desde donde los preparativos para la colonización de otros paises de América fueron conducidos, incluyendo Jamaica, Puerto Rico y Cuba. La Española ocasionalmente descuidada por España permitiendole la oportunidad a otros paises de ocupar territorios de la isla. Consecuentemente, Francia obtiene derechos legales de la parte oeste de la isla a través de los tratado de Paz de Basilea y Ryswick de 1795. Haití logró la independencia de la parte oeste de la isla en el 1804 sublebandose contra la despiadada dominción francesa.

43

Juan Pablo Duarte

Juan Pablo Duarte y Díez, el hijo de Manuela Díez de Jiménez y Juan Josè Duarte nació en Santo Domingo el 26 de Enero de 1813. El país fue bendecido por el nacimiento de uno de los más talentosos, honestos, amados, y respetados Dominicanos de todos los tiempos. Juan Pablo Duarte fue bautizado en la Iglesia Santa Bárbara de la Ciudad Colonial.

Santo Domingo criollos (una clase formada por españoles nacidos en las colonias españolas en paises extranjeros) establecieron su independencia en 1821 bajo el liderazgo de José Núñez de Cáceres, también conocida como Independencia Efímera, por su corta duración. Aunque Núñez de Cáceres trató infructuosamente de obtener el apoyo de otros líderes de la región, Jean Pierre Boyer, Presidente de Haití, se aprovechó de las debilidades existentes en Santo Domingo e invadió sus territorios en Febrero 1822.

Cuando Juan Pablo Duarte terminó la escuela superior, sus padres lo enviaron a Europa para terminar sus estudios universitarios. La Universidad Santo Tómas de Aquino fue clausurada durante la invasión haitiana y no existía ningún otro centro de estudios superiores. Curiosamente, Rhode Island es el primer puerto donde Juan Pablo Duarte llegó en su camino hacia Europa; Rhode Island estaba disfrutando de su independencia y Los Estados Unidos como una nación unida desde 1776. Fue en Rhode Island donde Juan Pablo Duarte fué probablemente expuesto por primera vez a un país independiente de las potencias colonialistas Europeas.

Pintura de Juan Pablo Duarte joven, cortesía del Instituto Duartiano

La casa donde nació Juan Pablo Duarte, Insituto Duartiano

45

Iglesia Santa Bárbara-donde Juan Pablo Duarte fue bautizado, Ciudad Colonial, Santo Domingo

46

Réplica de la reunión donde clandestinamente quedó formada la Sociedad Secreta La Trinitaria, cortesía del Instituto Duartiano Dominicano

La Trinitaria y el Nacimiento de la República Dominicana

La invasión Haitiana en Santo Domingo el 9 de Febrero de 1822 duró veinte dos años consecutivos, lo que permitió a los haitianos controlar toda isla. Esta terminó el día 27 de Febrero de 1844, cuando bajo el liderazgo de Juan Pablo Duarte, Ramón Matías Mella y Francisco del Rosario Sánchez, el pueblo dominicano proclamó su independencia de Haití.

Estos tres héroes dominicanos eran miembros de la Sociedad Secreta la Trinitaria; sociedad que fue clandestinamente creada por Juan Pablo Duarte el 16 de Julio de 1838. La independencia total era su meta. Juan Pablo Duarte también fundó la Sociedad Filantrópica; otra organización con unas características más públicas y sus ideales de independencia eran llevados por medio de obras teatrales.

Juan Pablo Duarte dijo "La República Dominicana ha de ser libre de toda potencia extranjera o se hunde la isla."

Los miembros de la Trinitaria se reunieron en la casa de Josefa Pérez, y fueron oficialmente juramentados por las reglas de la recién nacida organización llamada La Trinitaria. Entre los miembros de èsta trascendental organización se encontraban Juan Pablo Duarte, Fundador y Presidente, Juan Isidro Pèrez, Feliz María Ruíz, Juan Nepomuceno Ravelo, Jacinto de la Concha, Benito Gónzalez, Josè María Serra, Pedro Alejandro Piña y Felipe Alfau.

Ana Arelys Cruz Cabrera

Juramento de la Trinitaria

El juramento de la Trinitaria fue un acto de honor; cada miembro juró mantener su existencia y la identidad de sus miembros en secreto, a cooperar con todos sus recursos y defender el futuro de la nación con sus vidas si era necesario. El absoluto control del país por dominicanos era su misión, así como también la creación de una nación representando sus valores e intereses. La nueva nación iba a ser llamada República Dominicana; y una bandera tricolor dividida en cuatro partes azules y rojas y cruzada por una cruz blanca, fue también parte del juramento. Ellos se prometieron en nombre de Dios a cumplir con éste compromiso.

Fotografías de la familia de Juan Pablo Duarte, cortesía del Instituto Duartiano de la República Dominicana

48

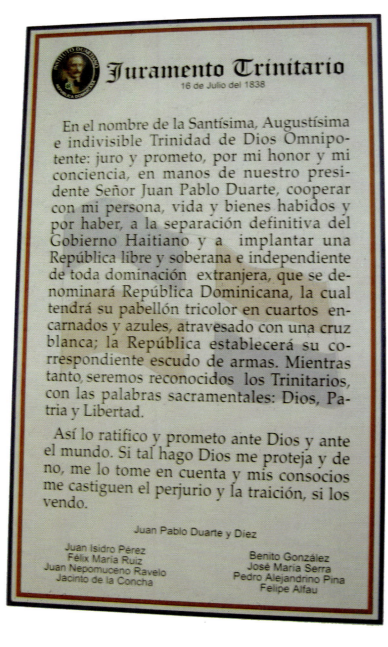

Juramento de los Trinitarios

Juan Pablo Duarte también juró como presidente de la Trinitaria; y cuando no tenía los fondos para comprar las armas y municiones para la causa solicitados por los patriotas, le pidió a su madre y hermanas que se sacrificaran en favor de la independencia y que vendieran la casa donde vivían. Aunque fue un sacrificio invaluable de parte de Juan Pablo Duarte y su familia, las posesiones de la familia fueron utilizadas para la lucha por la independencia. Sus acciones positivas al igual que la respuesta de su familia inspiraron a los Trinitarios a hacer importantes contribuciones personales a favor de la soberanía.

Juan Pablo Duarte dijo alguna vez "Sed justos lo primero, si quereis ser felices. Ese es el primer deber del hombre; y ser unidos, y asi apagaréis la tea de la discordia y venceréis a vuestros enemigos, y la patria será libre y salva. Yo obtendré la mayor recompensa, la única que aspiro, al veros libres, felices, independientes y tranquilos.

Puerta de la Misericordia, donde se tiró el Trabucazo

Los padres de la patria Dominicana, Francisco del Rosario Sánchez y Matías Ramón Mella (ampliamente conocido como Ramón Matías Mella porque era la forma en que firmaba) murieron en la República Dominicana el día 3 de Junio de 1861 y el 4 de Junio de 1864, respectivamente. Sin embargo, Juan Pablo Duarte murió en Venezuela el día 15 de Agosto de 1876. Juan Pablo Duarte y Matías Ramón Mella murieron de causa natural; pero Francisco del Rosario Sánchez fué fusilado en 1861 por defender la soberanía del país cuando Pedro Santana (primer presidente del país que abjuro de la Independencia) anexó el país a España en 1861. La Restauración de la República fue lograda através de la lucha incesante de los dominicanos (incluyendo a Juan Pablo Duarte, quien regresó desde Venezuela al enterarse de la situación) cuatro años más tarde el 16 de Agosto, 1865.

Puerta del Conde donde se proclamó la Independencia, 1844

50

Restos de Juan Pablo Duarte, Francisco del Rosario Sánchez y Matías Ramón Mella.

51

Parque Indepedencia, Ciudad Colonial, Santo Domingo República Dominicana

El Indeleble

Tus hazañas inesperadas.
Tus ideales penetrantes.
Y tu amor hacia la patria
fue constante e invariable.

Tu ejemplo intachable.
Tu honestidad inolvidable.
Oh Jesús que genio
tan persuasivo que baluarte.

Honrarte nos enardece.
Imitarte es desafiante.
Igualarte es irrealizable.
Pero amarte es inevitable

Oh Dios mío que inmenso fuiste
Juan Pablo Duarte

Ana Arelys Cruz Cabrera

53

Foto de la pintura de Juan Pablo Duarte, Instituto Duartiano

Gobierno de la República Dominicana

La República Dominicana es una nación democrática con tres poderes de gobierno independientes en el ejercicio de sus funciones.
Legislativo: 150 Representantes o Diputados y 32 Senadores
Ejecutivo: Presidente
Judicial: Suprema Corte de justicia, Corte Familiar y Judicial

Palacio Presidencial de Santo Domingo

El Poder Legislativo

El poder legislativo consta de 32 Senadores (uno por cada provincia y un distrito nacional) y 150 Diputados o representantes. Estos conforman el Senado o Cámara Alta y la Cámara de Representantes o Cámara Baja. La primera función del organismo parlamentario o Congreso Nacional es crear las leyes a favor de los diferentes sectores de la nación.

El Poder Ejecutivo

El presidente es elegido por voto popular o directo cada 4 años. El es responsable de la administración de los militares (Fuerzas Armadas y la Policía Nacional), de designar los administradores del estado o comisionados como también promulga las leyes y manejar los asuntos económicos de la nación.

Poder Judicial

El Poder Judicial está a cargo de la administración de la ley y es independiente del poder ejecutivo y legislativo y posee su propio presupuesto. Los miembros de la Suprema Corte son elegidos por el Consejo Nacional de la Magistratura.

Congreso Nacional, Santo Domingo, República Dominicana

Procuraduría General de la República
y Suprema Corte de Justicia

56

Palacio Municipal de Santo Domingo

Ana Arelys Cruz Cabrera

Palacio Municipal y funciones del alcalde

El alcalde de Santo Domingo es elegido por voto popular cada cuatro años. Tiene su sede en el Palacio Municipal y ejecuta las principales leyes municipales. El alcalde también organiza los servicios municipales y está a cargo de los lugares públicos y de recolecciones de la basura. Hay 37 Concejales ó Regidores en la ciudad de Santo Domingo.

57

Pintura de la réplica de un Bohío o casa Taína, Museo del Hombre Dominicano,

58

Economía

La economía de la República Dominicana tiene sus raíces en la cultura Taína. La Isla la Española estaba dividida en reinos cada uno con diferentes tipos de casas y conucos o pequeñas fincas donde ellos sembraban sus cosechas, tales como yuca, maíz, maní y habichuelas.

Familia Taína, Museo del Hombre Dominicano

Cacao

Pescado

La agricultura, pesca y la caza fueron la base de la economía. La yuca, una raíz nutricional rica en carbohidratos fue el producto alimenticio más importante del sustento nutricional de la Española. Esta era procesada en una forma muy particular por los Taínos para hacer el pan de yuca o casabe, que fue utilizado por los españoles para los viajes de Santo Domingo a España. A diferencia del pan galleta, este no se podría en las travesías. Fue llamado el pan de la conquista por distinguidos cronistas. Aún se utiliza por ser rico en fibras y bajo en grasas.

Durante la colonización de España, la caña de azúcar y otros productos fueron traídos a la isla por muchos años y necesitó el uso de esclavos. España directamente participó en el intercambio comercial entre América, África y las colonias del Caribe por medio al Triangulo Comercial. Este tráfico se desarrolló entre europeos, africanos del oeste, americanos y caribeños. Además de esclavos, el comercio incluía ron, melaza, y ropa. Este fue el primer intercambio comercial entre Providence Plantations y Santo Domingo.

Yuca

Casabe o pan de casabe

59

Agricultura

La economía de la República Dominicana está basada fundamentalmente en la agricultura, turismo, remesas familiares y zonas francas (unas zonas especiales en la República Dominicana donde son establecidas compañías de dominicanos y extranjeros y sus productos están disponibles al mercado internacional bajo ciertos privilegios como incentivos en los impuestos).

En el ámbito de la agricultura, la yuca continúa siendo un producto importante como también el tabaco en ramas y cigarros, el café, cacao y la caña de azúcar; en parte debido a su vinculación con el mercado internacional y los incentivos a los campesinos para una continúa producción.

Bananas, mangos y china dulce

Productos agrícolas

Café en granos

De acuerdo a un reporte presentado por el Banco Central de la República Dominicana, en el Producto Bruto Interno (PBI), los productos que tuvieron un mayor crecimiento fueron la yuca con 27.4%, el guineo o banana 24.7%, la naranja dulce 7.2%, y el tomate 2.5%, entre otros no menos importantes. Este informe también revela que los productos tradicionales de exportación durante los primeros meses del 2011, comparados con el mismo período el año pasado, registraron un crecimiento de 10.4%. La producción de tabaco creció en un 10.7%, el café 32.5%, cacao 49.5% y la producción de azúcar de caña 3.6%.

Pequeña plaza ambulatoria pública de venta de productos, República Dominicana

Ana Arelys Cruz Cabrera

60

Banco Central de la República Dominicana

Ana Arelys Cruz Cabrera

61

Turismo

Samaná, parte Este de la República Dominicana

Ana Arelys Cruz Cabrera

Los turistas visitan la República Dominicana de todas partes del mundo, incluyendo Italia, España, Argentina, Estados Unidos y otros países. La industria turística generó el año pasado ingresos por la cantidad de US$1,337.8 millones, lo que representa un aumento del 2.9% (o US$37.6 millones). Durante el primer trimestre del 2011, visitaron la República Dominicana 1,128.054 turistas extranjeros, lo cual vino a representar un gasto promedio que se incrementó en un 2.8%.

Los visitantes disfrutan las playas, museos de la Ciudad Colonial de Santo Domingo, exclusivos restaurantes como Adrian Tropical, Higüero y el Arrozsal, hoteles de primera clase y centros de diversión, tales como Casa de Campo, Hotel Jaragua y uno de los destinos más populares internacionalmente, Punta Cana.

Restaurante Adrian Tropical

Frio Frio

Coco

El Malecón es una avenida muy popular donde se encuentran cadenas de centros turísticos de diversión, donde se celebran eventos importantes, incluyendo la celebración de la Independencia de la República Dominicana el día 27 de Febrero con un desfile militar. Los turistas también disfrutan las bebidas populares que incluyen el Frío-Frío, agua de coco con hielo y el morir soñando una combinación de jugo de naranja y leche.

Caña de Azúcar

Cruzero en el Puerto de Santo Domingo

Morir Soñando

63

Lago Artificial Enriquillo, Parque Mirador Sur, Higüero y Arrozsal Restaurantes, Santo Domingo

Transportación de la Ciudad Colonial

Elevados Avenida Ortega y Gasset, Santo Domingo

64

Metro de Santo Domingo

65

Aeropuerto International de Las Américas, Santo Domingo, República Dominicana, hay siete mas aeropuerto internacionales y seis domésticos

Malecón

Avenida 27 de Febrero, Santo Domingo

66

Zonas Francas

La meta de las Zonas Francas es incrementar la exportación de los productos hechos en la República Dominicana. Hay Zonas Francas en diferentes provincias del país, tales como la Romana, Santo Domingo y San Pedro de Macorís. Las Zonas Francas pueden ser públicas, privadas o mixtas, dependiendo al tipo de administración: por el gobierno, organizaciones privadas o por organizaciones sin fines de lucro, respectivamente. Las Zonas Francas producen una variedad de productos que están disponibles para el mercado internacional, incluyendo ropas, zapatos, tabaco, joyerías, entre otras.

Las Zonas Francas tuvieron un crecimiento de las exportaciones, particularmente en relación a los zapatos y textiles de un 35.8 % y 18.0%, respectivamente. Estas ofrecen servicios bancarios y de telecomunicaciones y son una gran fuente de empleo para la comunidad promoviendo el crecimiento económico al contar con aproximadamente 120,344 empleos en el interior de las diferentes provincias donde se desarrollan sus actividades productivas.

Ana Arelys Cruz Cabrera

Las Remesas Familiares

Las remesas familiares constituyen un segmento importante de la economía nacional, aproximadamente el 10% del Producto Nacional. Y, aunque la recesion económica en los paises europeos y los Estados Unidos han afectado las remesas familiares en años anteriores, actualmente, las remesas familiares estàn reflejando signos de recuperación; éstas han experimentado un aumento de US$ 36.6 millones durante el primer trimestre del 2011; por lo tanto, continúan siendo un factor contributivo de gran relevancia en la economía Dominicana.

La Fachada de la Ciudad de Santo Domingo

La apariencia de la ciudad de Santo Domingo ha evolucionado drásticamente desde que se construyó su primera casa de piedra, La Casa del Cordón. Ésta es considerada la casa de piedra más antigua del Nuevo Mundo. Esta estructura arquitectónica fue construída por orden de Francisco Garay, español que llegó a la Española con Cristóbal Colón durante su segunda expedición. Su construcción fue iniciada en 1502 y terminada en 1504. Actualmente, Santo Domingo es una ciudad con una presencia arquitectónica que claramente representa los diferentes sectores de la comunidad, incluyendo edificios antiguos, modernos, y vecindarios con casas modestas; como se pueden encontrar en cualquier parte del mundo, incluyendo Providence. El edificio más alto de Santo Domingo es un inmaculado edificio de 40 pisos que consiste en sofisticados apartamentos recientemente construído y localizado en la Avenida Anacaona, uno de las áreas más opulentas de Santo Domingo, La Torre Caney.

Casa del Cordón, Ciudad Colonial

Casas modestas en uno de los barrios de Santo Domingo

Casa Moderna en Santo Domingo

Ana Arelys Cruz Cabrera

68

*Edificio más alto
de Santo Domingo*

69

La mujer dominicana, la economía y el voluntariado

Luz Miladys Cruz, empresaria dominicana

La mujer dominicana ha hecho tradicionalmente significativas contribuciones a la economía por su participación como amas de casa, fabricante y vendedoras de productos o como dueñas de sus propios negocios. Como es el caso de Luz Miladys Cruz, una mujer dominicana, graduada de la Universidad Autónoma de Santo Domingo en Administración de Empresas. Propietaria junto con su esposo el Licenciado Marino López de los L'Oscar cleaners y la cadena de Restaurantes Adrian Tropical. Como gerente general de L'Oscar Cleaners, una compañía de servicio al cliente, ha estado ofreciendo una línea muy fina de servicios y ha creado programas innovadores para la dirección y manejo de las lavanderías en la República Dominicana. L'Oscar Cleaners ha sido catalogado como la mejor empresa en ésta área de servicios al cliente en la República Dominicana. Y un detalle muy importante para la mujer dominicana es la familia, Miladys Cruz ha sabido manejar la familia y los negocios y entrelazarlos de una manera extraordinaria. Sus hijos han trabajado con ellos en éstos negocios de una manera integral, sin dejar de enfatizar la educación como prioridad y hoy sus hijos son parte muy activa de las empresas y estudiantes triunfantes.

Instituto de Señoritas Salomé Ureña

La Mujer dominicana ha participado también activamente en otros campos tales como la educación, y cinematografía. La educadora y poetisa Salomé Ureña de Henríquez, dominicana nacida en 1850, fundó el Instituto de Señoritas Salomé Ureña, primer instituto en su clase y donde se educaban las primeras futuras maestras del país. De la misma manera y resaltando los valores de la mujer dominicana, María Africa Gracia Vidal también conocida como María Montez nació en la República Dominicana en 1917. Viajó a New York y fue contratada por los Estudios Universal convirtiéndose en el Ciclón Caribeño. Ella participó en varias producciones cinematográficas, incluyendo películas de aventuras y las primeras producciones cinematográficas de tecnicolor en los Estados Unidos.

70

Pinturas de María Montez por A. Hache,
Parque Mirador Sur, Santo Domingo

En el 1940, ella debutó en la pantalla grande con la película " Mujer Invisible" con un pequeño papel y protagonizada por Virginia Bruce. Ella actuó en otras películas como Ali Baba, The Forty Thieves of Bagdad o los Cuarenta Ladrones y Cobra Woman, entre otras. María Montez no solamente triunfó en Hollywood, también en Europa, participó en 21 películas en los Estados Unidos donde era muy querida por el público, y 5 películas en Europa antes de morir a temprana edad.

Otra mujer dominicana triunfadora internacionalmente en la vida artistica internacional es Charytin Goygo, presentadora de programas de televisión (Televisa una estación de televisión de renombre internacional), atríz y cantante. Además nuestra Milly Quezada que por muchos años a colmado nuestro pueblo de orgullo al escuchar sus canciones las cuales nos hacen vibrar de emoción. Milly es también conocida nacional e internacionalmente como La Reina del Merengue. El merengue es la música típica dominicana.

Tambora instrumento musical uti-
lizado para tocar el merengue

Muchas dominicanas dedican también numerosas horas de trabajo voluntario para la comunidad. El voluntariado comunitario puede estar representado por la creación de institutiones como La Asociación Dominicana de Rehabilitación fundada por Mary Pérez Marrazini. El objectivo de ésta organización es la erradicación del devastador polio en los niños. Por más de 40 años, la dedicación de Mary Pérez Marrazini ha mejorado la calidad de vida de los incapacitados en la República Dominicana.

72

Altar de la Patria

73

Part 2
PROVIDENCE

PROVIDENCE

Ciudad hermosa bañada de rosas
Con un sonido especial emitido
por las aguas que por doquier como manantial te rozan

Esta ciudad es historia, presente y futuro.
Variedad de colores que como ayer, hoy representan
lo que su comunidad es en esencia,
y que como tu fundador, abres tus puertas sin vacilación
y nos abrazas a todos con sincera emoción.

Providence querida que grandioso ha sido tu corazón
y como nos llenas de inmenso amor y tremendo fervor

Ana Arelys Cruz Cabrera

75

Ciudad de Providence, Rhode Island

Ana Arelys Cruz Cabrera

76

Ciudad de Providence

Providence es una ciudad deslumbrante y cosmopolita con poderosos valores históricos. Su belleza intrínseca y atípica es debida en parte a sus maravillosas vistas y muchos lagos que le dan a ésta ciudad una visión sofisticada y natural, y el Río Providence complementa su esplendor con su masa colosal de agua cristalina. Con 1,044.93 millas cuadradas en territorio y con una población de tan solo 1,055, 209 habitantes comparado con la población total de los Estados Unidos de 308,745, 438 habitantes, Rhode Island es en efecto el estado más pequeño de los Estados Unidos (EU). A pesar de su tamaño, la gente de Rhode Island ha contribuído grandemente al país.

Edificio de la Alcaldía de Providence, Rhode Island

Limitaciones geográficas

Rhode Island está delimitada en el norte y el este por Massachusetts en el oeste por Connecticut y en el sur por el Océano Atlántico, el mismo océano que bordea la República Dominicana, pero en el norte.

Boston, Massachusetts (norte, este)

Río Histórico y Místico, Connecticut (Oeste)

Point Judith, Oceano Atlántico (sur)

Playas de Narragansett, Oceano Atlántico (sur)

78

Roger Williams

Roger Williams nació en 1603 en Londres, Inglaterra. Hijo de James Williams y Alice Pemberton tuvo dos hermanos, Syndrack y Robert, y una hermana llamada Catherine. Fue provisto de una buena educación y mostró facilidades por las lenguas, aprendiendo más de una.

Criado en la Iglesia de Inglaterra, luego se convierte en Puritano y más adelante en Separatista. La Iglesia de Inglaterra fue fundada por Henry VIII en el Siglo XV, pero al comienzo de los años 1600's habían dos sectas: los Puritanos y los Separatistas. Un grupo de Separatistas dejó Plymouth, y llegaron en el barco Mayflower en lo que hoy es Plymouth, Massachusetts en 1620.

Roger Williams dejó Londres en el barco Lyon, aproximadamente 10 años después, convencido de que la autonomía religiosa y la separación de la iglesia y el estado no iba a ser obtenida con el apoyo de los líderes de la Iglesia de Inglaterra. Se dirigió a Massachusetts.

Réplica del viaje de Roger Williams desde Londres a Rhode Island, cortesía de los hermanos Osorios

Roger Williams se convirtió en un hombre muy activo y bien respetado en Salem, Massachusetts, por su trabajo. Estableció una estrecha relación con los indios del área. Sin embargo, confrontó la misma persecución por su abierta y consistente defensa del derecho de los nativos a las tierras habitadas por ellos antes de la llegada de los colonizadores. En particular, él les sugirió a los Puritanos y Separatistas que compraran las tierras a los nativos en vez de apropiarse de ellas por orden del Rey de Inglaterra. Como resultado, el fue convicto por rebelión y profanación y tuvo que abandonar Massachusetts para evitar encarcelación y aun peor, la posibilidad de que lo devolvieran a Inglaterra.

En ese momento era un invierno muy frio y estaba nevando. A pie y con algunos de sus seguidores, caminaron aproximadamente 105 millas desde Salem a la cabeza de la Bahía Narragansett a donde fueron rescatados por sus amigos nativos y llevados al campamento de invierno del jefe indio Massasoit. Después, Roger Williams llegó a lo que hoy es la Calle Gano en Providence, donde fue bienvenido por los indígenas de Narragansett.

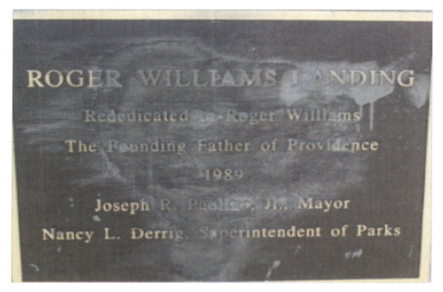

Lugar de llegada de Roger Williams, Fox Point en Providence

Él expresó su gratitud a la providencia de Dios por sobrevivir y encontrar un lugar donde vivir con sus seguidores y llamó el asentamiento Providence Plantations. Entendiendo su gratitud no es difícil cuando imaginamos la caminata que realizó en peligro de muerte a través del terreno baldío que tuvo, que tolerar, bajo terribles condiciones de invierno. Roger Williams dijo "Yo fui verdaderamente tirado por catorce semanas en un rudo invierno sin saber lo que significaban cama o comida."

Providence Plantations fue el primer lugar en el mundo que permitía a sus ciudadanos autonomía religiosa; y fue también el primer lugar en el cual la autoridad religiosa no tenía influencia en los asuntos de estado. Las iniciativas innovadoras acerca de los derechos humanos y libertad de elección religiosa eran tan avanzadas y necesarias que influenciaron no solo la Declaración de los Derechos de la constitución de los Estados Unidos (EU) pero también a otros países donde la libertad de religión es parte de la constitución como es el caso de la República Dominicana.

80

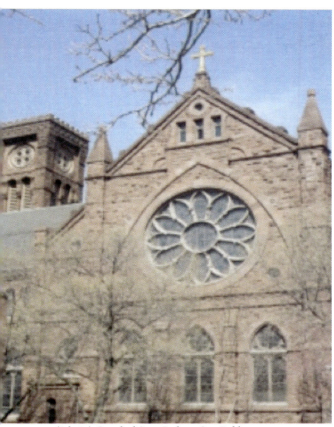

(Iglesia) Catedral Sant Pedro y San Pablo

(Estado) RI State House

Roger Williams dijo también: "Está contra el Cristianismo una iglesia que en el nombre de Dios persigue a las personas de diferentes creencias y les niega el derecho de vivir en la comunidad."

Ana Arelys Cruz Cabrera

81

Travesía de Roger Williams desde Salem a Narragansett Bay

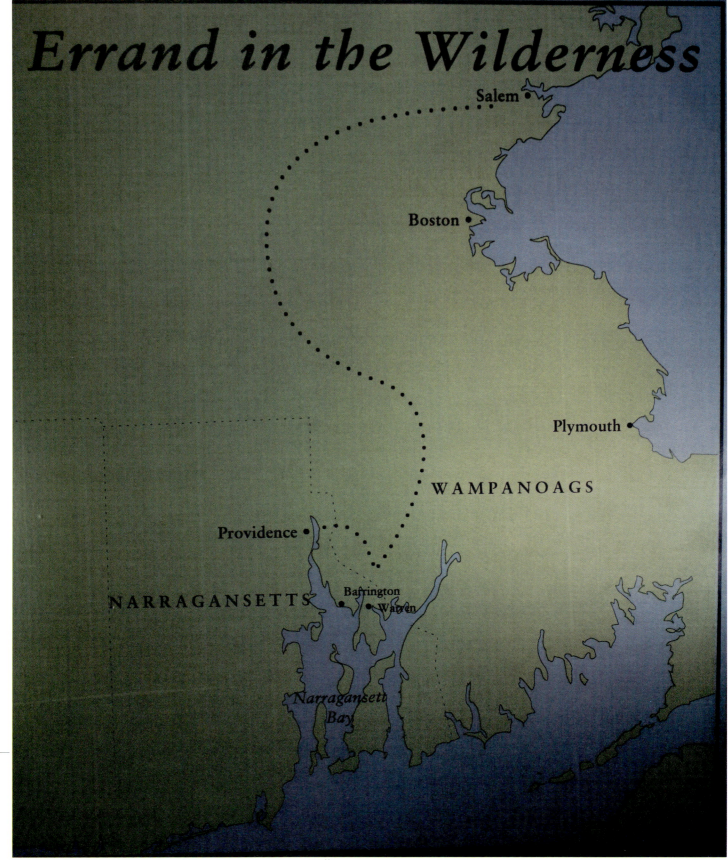

Cortesía del parque Nacional Conmemorativo Roger Williams

Ana Arelys Cruz Cabrera

Roger Williams

Ni el tiempo inclemente
ni la distancia
pararon tu decisión invariable
por libertad y justicia para los nativos.

La intimidación contra tu libertad no fue suficiente
para callar tu voz y como pocos
intrépido, desafiante y hombre de coraje
denunciando las injusticias continuaste

Oh brillante, invencible y genuino amigo.
Amigo de la honestidad y el respecto de las libertades de la humanidad.

La tribu Narragansett

Rhode Island tiene una influencia histórica muy importante, y una de las partes más significativas de su historia son sus nativos. La tribu más poderosa de Rhode Island fue y todavía es la Narragansett. Roger Williams fue aceptado por ellos de una manera en la que él no fue aceptado por su propia raza. El motivo que obligó a Roger Williams a venir a América fue muy diferente de las razones que motivaron a Cristóbal Colón a llegar a la Española. Esta diferencia es probablemente la razón por la cual los nativos de la Española sufrieron tanto sin nadie que los defendiera, pero que los explotaran; excepto los frailes Dominicos como Fray Antonio de Montesinos y Pedro de Córdoba a la cabeza del equipo.

Roger Williams fue un arduo defensor y aliado de los indios de Narragansett, y aunque ellos pasaron por situaciones extenuantes y muy hostiles, quizás gracias a él y su defensa, ellos todavía existen. En contraste, los Taínos fueron casi completamente exterminados. Como los dominicanos, los nativos de Narragansett tienen un gran respeto por sus padres, abuelos y los ancianos de la tribu.

El asentamiento Narragansett tiene reconocimiento de soberanía nacional por medio al Gobierno Federal. Ellos están dirigidos por un consejo municipal, tienen su propia policía, y celebran reuniones anuales en la Indian Longhouse. La existencia de estos hombres, mujeres y niños, miembros de la Tribu Narragansett debería ser un orgullo para los Rhode Islandeses.

Nosotros hemos creado sociedades históricas para preservar los edificios; porque no creamos sociedades históricas para preservar lo más importante que tenemos, los nativos de Narragansett? Ellos son nuestra historia, presente y limitados en número; honrándolos ahora es más loable que preservar sus edificios después que ellos no existan.

84

*Parque Nacional
Conmemorativo
Roger Williams*

85

Providence Plantations

La Colonia fundada por Roger Williams con el nombre de Providence Plantations estaba localizada en lo que hoy es el parque Nacional Commemorativo Roger Williams, el cual está limitado por las calles Canal, Smith, y North Main en las proximidades de la Casa de Estado. El título de propiedad fue creado y firmado por Roger Williams el 8 de Agosto de 1638. Este da detalles de la transacción legal que tuvo lugar entre esos dos líderes nativos Cononicus y Miantonomi y Roger Williams con relación a los territorios comprados por Roger Williams a Canonicus. Mr. Williams una vez dijo: "Si no hubiese sido por Cononicus, Rhode Island no hubiese existido."

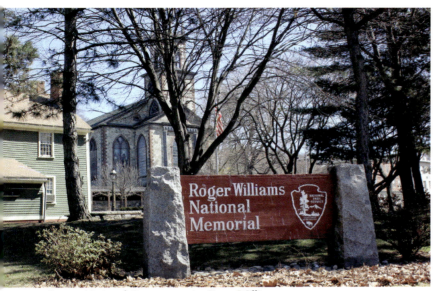
Parque Nacional Conmemorativo Roger Williams

Cortesía del parque Nacional Conmemorativo Roger Williams

El Acuerdo de Portsmouth y el Contrato de Newport

John Clarke fue un doctor y clérigo nacido en Inglaterra en 1609 quien con otros ex miembros de los Puritanos de la Colonia de la Bahía de Massachusetts compraron la isla Aquidneck a los Indios de Narragansett en 1637. Ellos tenían la bendición de Roger Williams en Providence y la de los líderes de Plymouth para establecer un nuevo asentamiento Inglés en la Bahía de Narragansett. Ellos también ofrecieron un lugar donde los ex puritanos podían celebrar sus ceremonias religiosas libremente, atrayendo perseguidos seguidores de Anne Hutchinson y otros herejes o ateos (se oponían a la obligación de la ley moral para la salvación). En la Isla Aquidneck, el pueblo de Pocasset, nombrado más tarde Portsmouth, fue establecido en 1638 y el de Newport fue establecido en 1639. La Isla Aquidneck fue llamada Rhode Island por los colonos en el año 1666. El útimo pueblo establecido en la isla Aquidneck fue Middletown 1743.

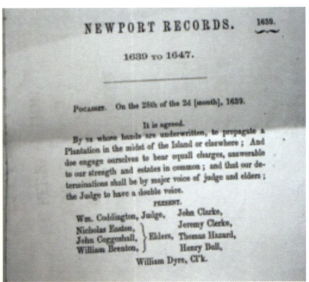
Datos de la colonia de Rhode Island

Mary Dyer una de las primeras colonas de Newport, y que se convirtió en una Quaker, fue ejecutada en Boston por el Gobierno de Massachusetts por sus creencias religiosas radicales. Como Mary Dyer, María Trinidad Sánchez una mujer dominicana quien luchó por la independencia de su país fue también ejecutada en 1861, por su fuerte oposición a la anexión del país a España y por no divulgar los nombres de los patriotas. Ella también participó en la confección de la bandera dominicana junto a otras dominicanas identificadas con la independencia, tales como Concepción Bona. La libertad de expresión en cualquier campo le ha costado muchos sacrificios a la mujer en el transcurso de la historia de la humanidad, incluyendo la muerte.

Concepción Bona

Acuerdo del asentamiento de Providence

Para asegurar la autonomía de Providence Plantations, Roger Williams solicitó un contrato del asentamiento a la asamblea general. Un certificado de nacimiento para Providence de éste tipo fué emitido el 14 de Marzo de 1648. Aparentemente, el documento original se perdió por más de 170 años, hasta que recientemente, éste fue encontrado por el archivista Paul Campbell mientras buscaba datos para un investigador que los visitaba.

Asentamiento de Providence o acta de Nacimiento de la ciudad, Cortesía de Paul Campbell, archivista

88

Las manos del Señor Paul Campbell tacando el original Acuerdo del Asentamiento de Providence

Acuerdo Real

John Clarke viajó con Roger Williams a Londres para obtener un acuerdo real para proteger las colonias (Providence Plantations, Newport, Portsmouth, and Warwick) de colonias más poderosas que las estaban amenazando como Massachusetts y Connecticut. La colonia de Warwick fue fundada en 1642 por Samuel Gorton, otro hombre que huyó de Massachusetts por desacuerdos religiosos.

Aunque el territorio de Rhode Island fue amenazado, Roger Williams hizo todo lo que pudo por evitar la interferencia de colonias aledañas. Sin embargo, la situación en la Española fue diferente; Francia también dominó la isla durante el período de la colonización; no hubo un protector para la Española como Roger Williams para Rhode Island and Providence Plantations.

El día 8 de Julio de 1663, nueve o doce años después que Roger Williams regresara a Rhode Island, a asumir su función de gobernador de Providence, John Clarke obtuvo el primer Acuerdo Real del Rey Carlos II de Inglaterra para las cuatro colonias y las unieron en una sola llamada Rhode Island and Providence Plantations, y él los autorizaba a continuar el tipo de gobierno que incluía la libertad de religión y separación de estado e iglesia que habían sido implementados desde su fundación. John Clarke desempeñó una función muy importante en el lenguaje utilizado para preparar el documento gubernamental; él es uno de los fundadores de Rhode Island y Providence Plantations junto con Roger Williams. Aparentemente, él tenía conexiones políticas y sociales y también tenía conexiones con el parlamento, lo que facilitaba el proceso de obtener el Acuerdo Real.

Ana Arelys Cruz Cabrera

89

Este Acuerdo Real fue utilizado como la constitución de Rhode Island and Providence Plantations por ciento ochenta años hasta Mayo de 1843, cuando la primera constitución de Rhode Island se hizo efectiva, lo que nos da una clara idea de la importancia de éste documento. Providence fue fundada en 1636 y le tomó ciento trece años para obtener su soberanía en Mayo 4, 1776 convirtiéndose en el primer estado en declarar su liberación del dominio de los Británicos; sin embargo, Santo Domingo fue fundada en 1496, ciento cuarenta años antes que Rhode Island and Providence Plantations, y le tomó trescientos cuarenta y ocho años para proclamar su independencia el 27 de Febrero de 1844.

 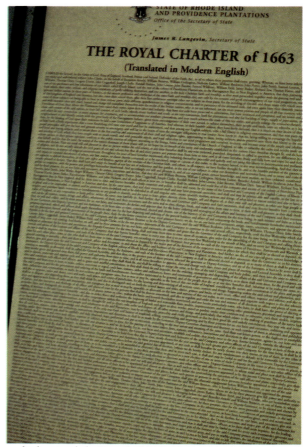

Acuerdo Real de Rhode Island and Providence Plantations, localizado en el 2do. piso de la Casa de Estado

90

Libro más antiguo de la Asamblea General de RI tocado por Tom Evans, Bibliotecario del Estado, Casa de Estado de Rhode Island

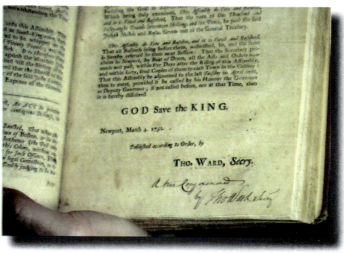

Primeros cuatro asentamientos o colonias de Rhode Island y Providence Plantations

1ra Colonia, Providence Plantations, 1636

Centro de Convenciones de Providence

2da Colonia-Portsmouth, 1638

Escuela e Iglesia Portsmouth Abbey

3ra Colonia, Newport, 1639

Newport

4ta Colonia, Warwick, 1642

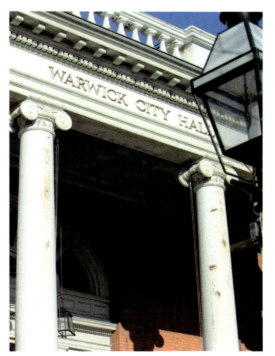

Warwick City Hall

Ana Arelys Cruz Cabrera

91

Eventos	Logrados por
Fundador de Providence Plantation,1636	Roger Williams
Fundadores de Portsmouth, 1638	John Clarke y William Coddington
Fundadores de Newport, 1639	John Clarke, William Coddington, Nicholas Easton, John Coggeshall, William Brenton, Jeremy Clark, Thomas Hazard y Henry Bull
Fundador de la Colonia Warwick, 1642	Samuel Gorton
Fundadores de Rhode Island y Providence Plantations, 1663	Roger Williams y John Clarke, y otros...

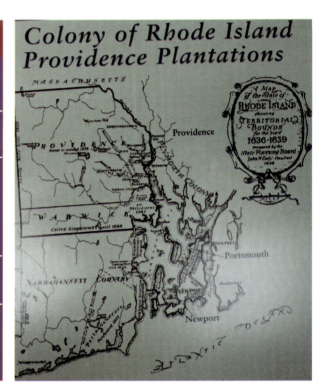

Cortesía del Parque Nacional Commemorativo de Roger Williams

Primeras Iglesias Bautista de América

Roger Williams y John Clarke fundaron las primeras Iglesias Bautistas de América. En Providence y en América, Roger Williams fundó la Primera Iglesia Bautista en 1638 y John Clarke fundó la primera iglesia Bautista de Newport en los 1640's. Como muestra de la aceptación de la diversidad y tolerancia religiosa, la comunidad judía estableció la más antigua sinagoga de América en Newport, Touro Sinagoga. Tanto Rhode Island como República Dominicana han sido los territorios elegidos para la construcción de renombradas obras arquitectónicas, religiosas e históricas del mundo, tales como la Primera Iglesia de Cristo Científico en Providence y el Alcázar de Colón en Santo Domingo.

La primera Iglesia Científica de Cristo fue fundada por Mary Baker Eddy en Boston en 1879 propagándose en Rhode Island unos años después. Los miembros de ésta iglesia creen que si se armoniza el cuerpo y el espíritu los individuos pueden alcanzar la perfección. Por otra parte, el Alcázar de Colón, primer palacio de gobierno en el Nuevo Mundo, fue construído por orden del Gobernador Diego Colón hijo de Cristóbal Colón (1510-1512). Su estructura fue parcialmente destruída por el pirata Francis Drake en 1586 y reconstruída entre 1955-1957. Hoy es uno de los museos más importantes y visitados del país.

Primera Iglesia Bautista de América, Providence, RI, 1638

93

Iglesia Bautista Unida de Newport, Primera Iglesia Bautista de Newport John Clarke, 1640's

Tauro, la más antigua Sinagoga en América

Ana Arelys Cruz Cabrera

Alcázar de Colón, Santo Domingo, República Dominicana

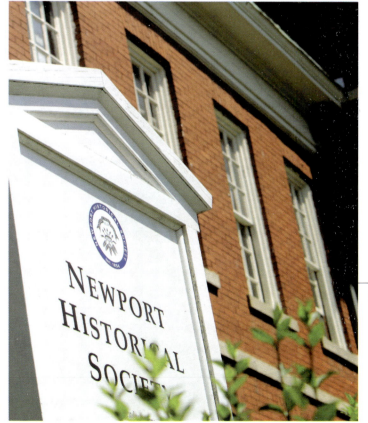

95

Primera Iglesia de Cristo Científico, Providence, RI

Newport Historical Society

Restos de John Clarke

John Clarke murió en Newport en 1676. Sus restos se encuentran en un pequeño cementerio en el Bulevar del Dr. Marcus Wheatland. El luchó por libertad de religión y fue la mano derecha de Roger Williams en ésta misión. El no es ampliamente reconocido como uno de los fundadores de Rhode Island and Providence Plantations. Sin embargo, sin su sacrificio, influencia, determinación, pero sobre todo su honestidad, quizás, Rhode Island and Providence Plantations no existiría.

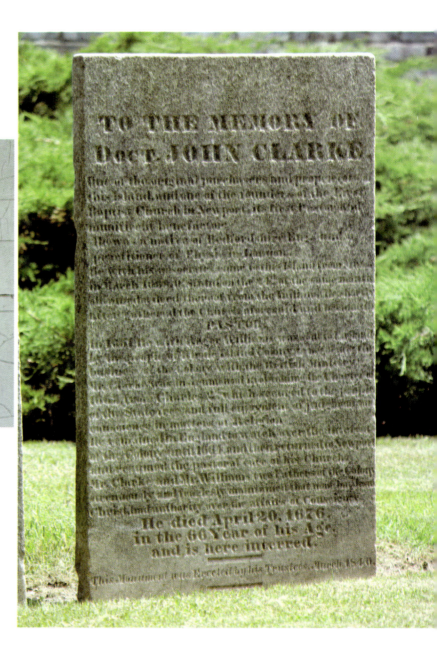

JOHN CLARKE CEMETERY
To the memory of Dr. John Clarke , 1609-1676
Clergyman Physician Statesman

Leader of the settlers who purchased Aquidneck Island from the Indians on March 24 1638. He was the first pastor of the church now known as The United Baptist Church, John Clarke Memorial, located at 30 Spring Street.
As agent for the Rhode Island Colony in England for twelve years from 1651, John Clarke procured the Charter of 1663 from King Charles II, which secured "full liberty in religious concernments." A permanent trust created in his will dated April 20, 1676, continues to provide income "for the relief of the poor or bringing up of children unto learning."

Cementerio de John Clarke, en Newport, RI

Iglesia de la Anunciación Griega, Cranston, RI

Trabajos literarios de Roger Williams

Roger Williams publicó el libro A Key into the language of América en 1643, en Londres, y luego en 1644, publicó The Bloudy Tenent, en el cual expresa sus ideas y convicciones acerca de la tolerancia de selección mística.

Restos de Roger Williams

Roger Williams falleció en Providence en 1683 sin que se le reconocieran sus méritos. Su trabajo es hoy reconocido y honrado, pero, por muchos años, nadie supo donde se encontraban sus restos. Más aún, durante su vida pasó por falsas acusaciones. El no participó y totalmente desaprobó la conversión forzada de los indígenas al Cristianismo o cualquier otra religión. Obviamente, su posición fue una desventaja para su libertad y reputación. Una vez dijo: "La conversión anticristiana… es como obligar a su esposa sin ella desearlo….a entrar en la cama forzadamente."

No hay fotografías originales de Roger Williams. Las imágenes que vemos de él, son basadas en la imaginación de sus creadores.

Iglesia Apóstol Sagrado, Cranston, RI

Como Roger Williams, Juan Pablo Duarte también falleció antes de que sus méritos fueran reconocidos totalmente y lejos de la patria que tanto amó y defendió. Sin embargo, tanto los dominicanos como los Rhode Islandeses se han asegurado de que sus héroes sean honrados y respetados por generaciones futuras, y les enseñan a sus hijos la verdad acerca de éstos mártires y sus logros, como también sus grandes valores humanitarios.

Estatua de Roger Williams Roger Williams Park, Providence

Estatua de Juan Pablo Duarte, Universidad Autónoma de Santo Domingo (UASD).

Roger Williams estaba definitivamente convencido que la libertad religiosa era necesaria y su aplicación imperativa para el desarrollo de la humanidad. Sus restos o lo que se encontró de ellos donde fue sepultado fueron colocados en el monumento Prospect Terrace Park, construído en su honor y el cual ofrece una vista maravillosa de la ciudad de Providence.

Prospect Terrace Park, lugar donde descansan los restos de Roger Williams, Providence, RI

99

ROGER WILLIAMS -LOGROS	AÑO
Nació en Londres, Inglaterra	1603
Fundó el asentamiento Providence Plantations	1636
Fundó la Primera Iglesia Bautista de América	1638
Obtuvo el acuerdo parlamentario de Providence Plantation	1643
Gobernador de Providence Plantation	1654-1657
Fundó con John Clarke, y otros, la Colonia Rhode Island and Providence Plantations	July 8,1663
Falleció en Providence	1687

JOHN CLARKE-LOGROS	AÑO
Nació en Inglaterra	1609
Fundó el asentamiento Portsmouth con otros	1638
Fundó el asentamiento Newport, con otros	1639
Fundó la Primera Iglesia Bautista de Newport, en Newport	1640's
Fundó con Roger Williams, y otros, a Rhode Island and Providence Plantations cuando obtuvo el Acuerdo Real	June 8, 1663
Falleció en Newport	1676

División territorial de Rhode Island

Actualmente, Rhode Island está dividida en cinco provincias: Bristol, Kent, Newport, Providence, and Washington, ocho ciudades, Central Falls, Cranston, East Providence, Newport, Pawtucket, Providence, Warwick, and Woonsocket, y treinta y tres municipios. La Provincia de Bristol es la más pequeña y la más grande en territorio y población es Providence, su capital.

RHODE ISLAND AND PROVIDENCE PLANTATIONS CIUDADES Y MUNICIPIOS				
Bristol	**Kent**	**Newport**	**Providence**	**Washington**
Barrington	Coventry	Little Compton	Burrillville	Charlestown
Bristol	East Greenwich	Middletown	Central Falls*	Exeter
Warren	West Greenwich	Newport*	Cranston*	Hopkinston
East Providence*	Warwick*	Portsmouth	Cumberland	Narragansett
	West Warwick	Tiverton	Foster	North Kingstown
		Jamestown	Glocester	Richmond
			Johnston	South Kingstown
			Lincoln	New Shoreham (Block Island
			North Providence	Westerly
			North Smithfield	
			Pawtucket*	
			Providence*	
			Scituate	
			Smithfield	
			Woonsocket*	

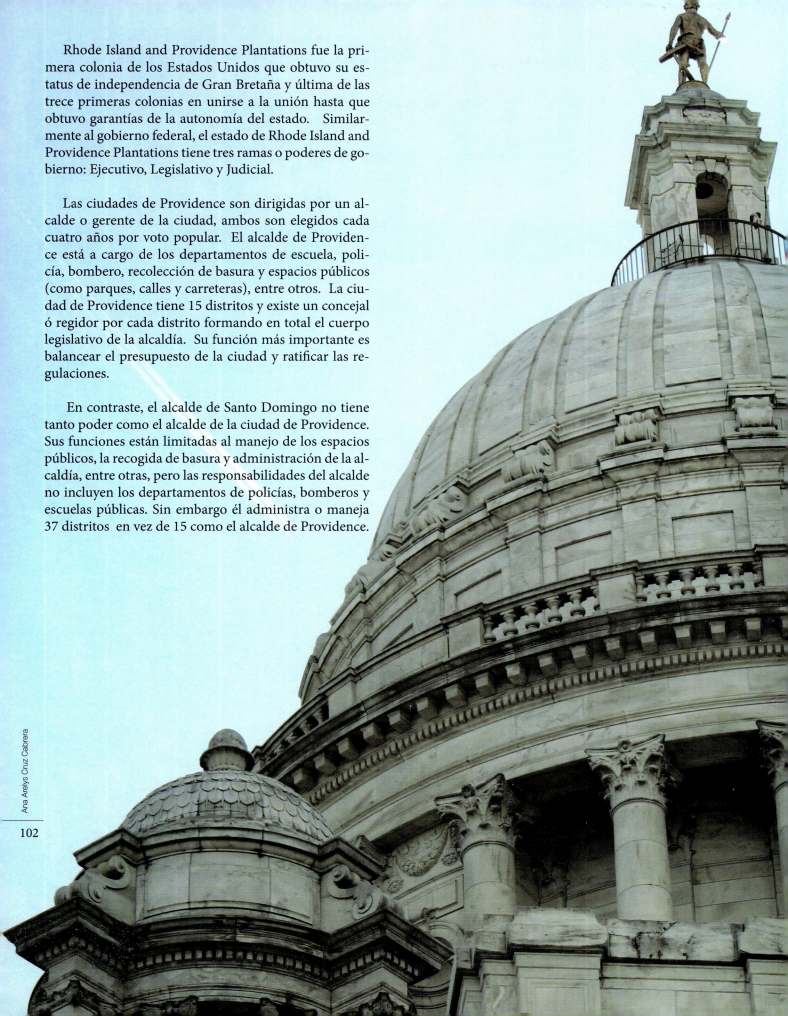

Rhode Island and Providence Plantations fue la primera colonia de los Estados Unidos que obtuvo su estatus de independencia de Gran Bretaña y última de las trece primeras colonias en unirse a la unión hasta que obtuvo garantías de la autonomía del estado. Similarmente al gobierno federal, el estado de Rhode Island and Providence Plantations tiene tres ramas o poderes de gobierno: Ejecutivo, Legislativo y Judicial.

Las ciudades de Providence son dirigidas por un alcalde o gerente de la ciudad, ambos son elegidos cada cuatro años por voto popular. El alcalde de Providence está a cargo de los departamentos de escuela, policía, bombero, recolección de basura y espacios públicos (como parques, calles y carreteras), entre otros. La ciudad de Providence tiene 15 distritos y existe un concejal ó regidor por cada distrito formando en total el cuerpo legislativo de la alcaldía. Su función más importante es balancear el presupuesto de la ciudad y ratificar las regulaciones.

En contraste, el alcalde de Santo Domingo no tiene tanto poder como el alcalde de la ciudad de Providence. Sus funciones están limitadas al manejo de los espacios públicos, la recogida de basura y administración de la alcaldía, entre otras, pero las responsabilidades del alcalde no incluyen los departamentos de policías, bomberos y escuelas públicas. Sin embargo él administra o maneja 37 distritos en vez de 15 como el alcalde de Providence.

Sala de la Cámara de los Senadores

Sala de la Cámara de Representantes ó Diputados

Corte Superior de Providence, Rhode Island

Ana Arelys Cruz Cabrera

103

Alcaldía de la ciudad de Providence

104

Camión de rescate de Bomberos de Providence

Edificio Principal de la Policía de Providence

Escuela Superior Clásica, edificio antiguo, Providence, RI

Nuevo edificio de la Escuela Superior Clásica, Providence, RI

Ana Arelys Cruz Cabrera

105

Autopista Interstatal195, Providence, Providence, RI

Policía, Centro de la Ciudad de Providence, RI

106

Vincent Cianci

Hablar de la ciudad de Providence sin mencionar al ex alcalde Vicent Cianci es dejar un profundo hueco en su historia. Abogado y político carismático que a pesar de su peculiaridad ha sido elegido en más de una ocasión para puestos políticos, en especial para dirigir la ciudad capital de Rhode Island.

Fue elegido por primera vez como alcalde en 1975 y en el año1984 fue forzado a renunciar por asalto a un contratista que supuestamente estaba teniendo un romance con su esposa. En el año 1984 cuando yo llegué a ésta ciudad, Providence estaba desolada, y ésta era llamada por algunos de los residentes de la Calle Broad "La ciudad de los cementerios y los ancianos" porque éstos eran los detalles que más podían apreciar los transeúntes en ésta ciudad. Calles desnudas de negocios o actividades comerciales y por lo tanto los cementerios parecían más numerosos.

Vincent Cianci, también conocido como Buddy Cianci, fue re-elegido en 1991 convirtiéndose en el alcalde con más años de servicios en la historia del estado de Rhode Island y más aún de los Estados Unidos. La ciudad floreció durante ése período y propició las bases para que se le catalogara como "La mejor ciudad en la cual vivir en el este." El señor Cianci nombró la ciudad "La ciudad del Renacimiento"

Las opiniones varían acerca del Señor Cianci, y como miembro de ésta sociedad por tantos años, puedo decir que la aclamación y cariño de la gente de Providence por Cianci era sincero. En el 2002, fue condenado a 5 años en una cárcel federal en New Jersey por otorgar contratos por soborno entre otros cargos.

El quizás fue uno de los primeros alcaldes en acercarse a la gente de Providence de una manera especial en la que lo pudiéramos palpar. El nos hizo sentir que no era solo el alcalde sino parte de cada uno de nosotros, un miembro de la familia. Las opiniones están divididas, pero si no es querido como antes por lo menos es aceptado, porque su programa radial tiene una significativa audiencia.

Ana Arelys Cruz Catera

Otras Alcaldías de Rhode Island

Municipalidad de Bristol, RI

108

Alcaldía de la ciudad de Newport, RI

Alcaldía de Cranston, RI

Alcalde Ángel Taveras, durante su juramentación, Gobernador Lincoln Chaffee, cortesía de Pedro Pablo de la Rosa.

Legado de Roger Williams

Uno de los legados de Roger Williams fue desafiado durante las elecciones del 2 de Noviembre del 2010. La propuesta del representante Joseph Almeida para que se cambiara el nombre de Rhode Island and Providence Plantations a simplemente Rhode Island, con alegaciones de que las palabras Providence Plantations, eran despectivas para la comunidad Africano-Americana, quienes habían sido esclavizados en plantaciones de éste estado. La propuesta fue eventualmente rechazada por un 78% de los votantes del estado demostrando evidencias de que los Rhode Islandeses valoran la contribución de Roger Williams y John Clarke.

La visión de Roger Williams de una comunidad diversa fue realizada aún más por la elección del Alcalde Ángel Taveras, el primer alcalde Latino de la historia de Rhode Island. El Alcalde Ángel Taveras es descendiente de dominicanos y un abogado de muchos años de servicios en el estado. Durante estas elecciones, también fue elegida la concejal Sabina Matos, quien nació en la República Dominicana y ha dedicado muchos años al servicio voluntario en esta ciudad.

Alcalde Ángel Taveras, cortesía de Frank Hernández

Las elecciones del 2010 también enfatizaron la importancia de la participación de los Latinos en el proceso electoral en Rhode Island. Por medio a la extensa campaña ejecutada por el Comité Latino de Acción Política de Rhode Island, una organización no partidista en el estado para promover la participación política de los Latinos en el proceso electoral, todos los candidatos apoyados por ésta organización fueron elegidos o reconfirmados en sus puestos, un fenómeno nunca antes visto en Rhode Island, tales como Tesorera General Gina Raimondo, Concejal Sabina Matos, Alcalde Ángel Taveras, Gobernador Lincoln Chaffe, Diputada Grace Díaz y Senador, Juan Pichardo.

Doris de los Santos, Presidenta del Comité Latino de Acción Política de Rhode Island, (RILPAC) por sus siglas en Inglés indicó por medio a una nota escrita que "La participación del Comité Latino de Acción Política de Rhode Island, sin lugar a dudas jugó un papel decisivo en más de una de las contiendas electorales durante las elecciones del 2010. El impacto no solo se debió al número de votantes Latinos que participaron, a la amplia cantidad de voluntarios, dirigentes y estrategas Latinos que formaron parte de las múltiples campañas electorales, sino también al hecho de haber influenciado en la conquista de triunfos históricos durante ésta contienda electoral. El ejemplo más sobresaliente lo constituyen el triunfo en las contiendas de Sabina Matos al Concejo de Providence por el Distrito 15; el de Ángel Taveras a la Alcaldía de Providence; y el de Lincoln Chafee a la gobernación de Rhode Island." ella añadió. Esta organización también ayudó a la reconfirmación del Senador Juan Pichardo quien fue juramentado en el 2003 como Senador del estado. El Senador Juan Pichardo se graduó del Community College of Rhode Island y también del College of the Airforce (CCAF). El ha recibido más de una condecoraciones por su trabajo, tal como el Air National Guard Diversity Certificate.

Ana Arelys Cruz Cabrera

110

Concejal Sabina Matos

Governador Lincoln Chafee

Senador Juan Pichardo

Doris de los Santo,

Educación

La educación siempre ha sido de importancia para los Rhode Islandeses. La Universidad Brown fue una de las primeras en los Estados Unidos y la tercera en Nueva Inglaterra. Esta fue anteriormente nombrada Colegio de Rhode Island, pero fue renombrada después de la donación hecha por Nicholas Brown, Universidad Brown. La familia Brown fue una de las más sobresalientes del siglo XVIII por una razón u otra; ellos eran importantes hombres de negocios, y tuvieron cierta influencia con la Independencia de la colonia y a demás estuvieron ligados al comercio de esclavos. La Universidad Brown es actualmente uno de los empleadores más grandes de Rhode Island y cuenta también cuenta con la Escuela de Medicina Warren Alpert.

*Escuela de Medicina
Warren Alpert, Providence*

Ana Arelys Cruz Cabrera

111

Aunque las puertas de la Universidad Brown fueron abiertas en 1764 para todos sin tomar en cuenta la orientación religiosa de los solicitantes, las mujeres fueron aceptadas por primera vez en 1891 ó 127 años después de su fundación. La participación de la mujer desde ese momento ha sido trascendental, y ellas continúan elevando y manteniendo sus triunfos académicos.

Providence es también la casa de otras universidades y colegios comunitarios que proven una gama de programas para satisfacer los intereses de los habitantes de Rhode Island, tales como el Colegio Rhode Island, la Universidad de Rhode Island, Rhode Island Community College, y la Universidad Johnson & Wells. Educar a nuestros hijos no es solo una tradicional obligación de los Rhode Islandeses sino también un compromiso intrínseco del pueblo dominicano y una prioridad del diario vivir.

Estudiante de la Universidad Brown

Rhode Island College, Providence, Rhode Island

URI Campus de Providence

CCRI, Campus Providence

La Escuela de Diseño de Rhode Island, RISD por sus siglas en Ingles, fue creada en 1877. Sarah Doyle, una profesora en la escuela superior de Providence en el siglo XIX, apoyaba el establecimiento de la Escuela Co-educacional de Diseño de Rhode Island y el Colegio para Mujeres Pembroke. Ella era una de las más renombradas y defensoras en pro de la educación de la mujer no solamente en Rhode Island pero también en el país.

El Museo de la Escuela de Diseño de Rhode Island abrió sus puertas en 1893 con el objetivo de exhibir las finas obras de arte y objetos decorativos.

Otra mujer que ha estado apoyando la educación a favor de la mujer es la Diputada Grace Díaz. Fue elegida como diputada en el 2004 por el distrito 11 de la ciudad de Providence, y se convirtió en la primera mujer Dominico–Americana elegida a la oficina de estado en la historia de los Estados Unidos. Ella cree en la educación como una herramienta para triunfar y ha estado promoviendo educación para todos, incluyendo esos estudiantes que después de graduarse de la escuela superior tienen sus opciones muy limitadas debido a sus estatus migratorio.

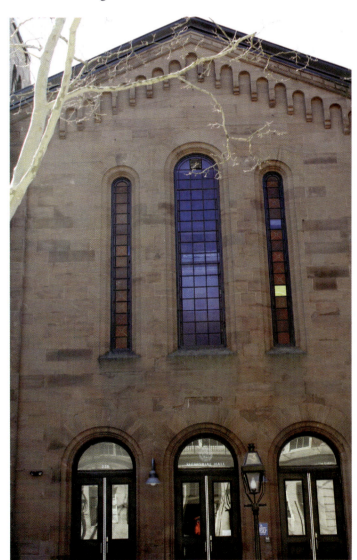

Museo del RISD, Providence

Diputada Grace Díaz

Gilbert Stuart

Nació en North Kingstown, Rhode Island el día 3 de Diciembre de 1755. Gilbert Stuart fue un pintor de renombre por sus retratos. El se especializó en pintar los ojos de sus sujetos describiendo vivamente sus almas. .

Retrato de Gilbert Stuart de George Washington

Retrato de Gilbert Stuart

Retrato de la Novia, cortesía del Museo de lugar de nacimiento de Gilbert Stuart

114

Entre sus clientes más conocidos estuvieron George Washington y su esposa, Martha Washington, el rey Jorge III, John Adams y Thomas Jefferson.

La Escoba, Cortesía de Tony Aristy

Tony Aristy

Es uno de los más brillantes artistas de la República Dominicana, actualmente reside en Rhode Island. Algunos de sus trabajos están inspirados en un elemento tradicional de nuestra vida diaria, la modesta escoba.

El ha recibido más de un reconocimiento entre ellos el Golden Eagle Award. El asimiló la cultura Americana muy fácilmente debido a que es bilingüe, habilidad adquirida antes de llegar a los Estados Unidos, lo cual es una nueva tendencia en la educación de los dominicanos y Latino Americanos, permitiendo la apertura de nuevas puertas para los jóvenes en un periodo corto y aumentando su capacidad competitiva.

Tony Aristy

Otra obra de las escobas de Aristy

115

Parte 3 ECONOMÍA

Donde nace el Río Providence, Centro de la ciudad de Providence

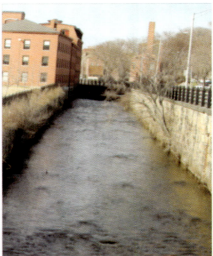

Río Moshassuck, Providence

Economía

Como la mayoría de las civilizaciones indígenas, la agricultura, la pesca y la caza eran la base de la economía de los nativos de Narragansett. Este fue también el caso para los colonistas. Las calabazas, habichuelas y maíz eran uno de los alimentos más populares de los nativos de Rhode Island llamada Las tres hermanas. Las transacciones comerciales se mantuvieron dependiendo del tipo de productos cosechados hasta que la Revolución Industrial llegó a América aproximadamente al final del siglo XVIII. La cebolla era una de los cultivos más importantes en Bristol Rhode Island en los 1790's

Velas y utensilios de Cocina 1790,
finca Coggeshall en Bristol, RI

Parque National Commemorativo
Roger Williams

Museo de la Granja o finca Coggeshall;
1790. Bristol, todavía operando como museo

Camas usadas
en ese tiempo

Utensilios de cocina

Ana Arelys Cruz Cabrera

119

Revolución Industrial

En efecto, la Revolución Industrial en América nació en Pawtucket, RI con la ayuda de las Aguas del Río Blackstone. Las aguas de éste río fueron usadas como fuente de energía por los molinos de agua. Estos se utilizaban para producir la energía necesaria para procesar el algodón, el lino y la lana para la industria textil.

Inglaterra fue el primer país en el mundo en desarrollar ésta tecnología, pero Rhode Island progresó debido a ésta. Richard Arkwright creó la primera factoría impulsada por energía hidráulica o por molinos de agua en Inglaterra, y uno de sus discípulos, Samuel Slater, el cual tenía ambiciones de crear su propia factoría, trajo los documentos con los detalles de la técnica a América y sus años de experiencia en esa industria.

El Río Blackstone, cerca de la Hilandería Slater, Pawtucket, RI

120

Industria Textil
manualmente procesada

Materia prima del lino, Sylvanus Brown House, Hilandería Slater, Pawtucket

Máquinas manualmente operadas para procesar lino, algodón y lana

121

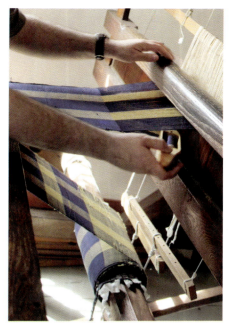

Maquina textiles manualmente operadas, Casa de Silvanus Brown, Museo Hilandería Slater

Samuel Slater　　　　　　*Museo de la Hilandería Slater*　　　　　*David Wilkinson Mill*

El Río Blackstone, Pawtucket, Rhode Island

122

La Revolución Industrial comenzó en Pawtucket, y esto fue posible probablemente debido a lo siguiente: Moses Brown (un poderoso hombre de negocios de Providence del siglo XVIII) deseaba crear una hilandería o molino de algodón funcional para impulsar la industria textil en Rhode Island, la llegada de Samuel Slater a New York buscando la oportunidad de dirigir su propia factoría y con la tecnología y experiencia para lograrlo, y el caudaloso Río Blackstone que proveía los recursos naturales necesarios para el proyecto, tales como el poder del agua para energía y un puerto para la transportación fácil y rápida de las mercancías. En 1793 ya estaba en pleno funcionamiento la primera hilandería eficaz en Pawtucket, Slater Mill.

Kevin Klynberg

El rápido crecimiento y el impacto económico de las hilanderías o factorías cambiaron lo que en sus inicios era la base de la economía de éste estado de agricultura a industrial. Los puertos de Rhode Island and Providence se convirtieron en unos de los más activos de la región y su economía floreció. Además, David Wilkinson, quien era un experimentado herrero e ingeniero mecánico, creó el molino de agua que suplía la energía para todas las máquinas de la factoría de Wilkinson y la Hilandería Slate (Slater Mill), tales como la máquina de envolver el hilo.

Molinos de Agua, Wilkinson Mill

El también creó una máquina que le permitía crear herramientas con más facilidad y precisión, como diferente tipo de tornillos, impulsando la precisión y funcionalidad de las nuevas maquinarias.

Wilkinson Mill

123

Máquina de cortar metal de David Wilkinson, 1794, Cortesia de la Hilanderia Slatery

The Wilkinson Mill

David Wilkinson (1771-1852), a blacksmith from Smithfield, Rhode Island, moved to Pawtucket in the early 1780s. Wilkinson invented new machines, including a steamboat which he demonstrated in Pawtucket in 1792 (15 years before Robert Fulton's steamboat), a screw-cutting lathe in 1794 that became an industry standard, and

Empleada del Museo Hilandería Slater   *Máquina de enredar el hilo*

124

Hilanderia Slater

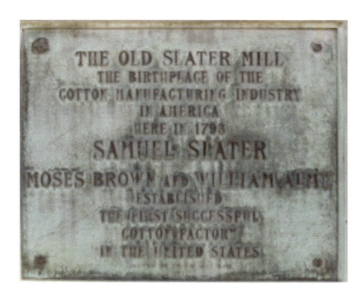

Ana Arelys Cruz Cabrera

125

El siglo XVIII fue muy desafiante para la inteligencia humana en todos sus aspectos debido a la demanda por nuevas invenciones y el perfeccionamiento de las técnicas existentes como también nuevas profesiones e ideas innovativas.

La invención del molino de agua resultó en la construcción de numerosas factorías cerca de ríos y lagos en Rhode Island con estructuras similares a las factorías de Inglaterra. Estas se podían encontrar en Pawtucket, Providence, Cranston, and West Warwick entre otras. También en América se importaron empleados para desarrollar los trabajos requeridos en las factorías, aumentando aun más la diversidad de la población del estado.

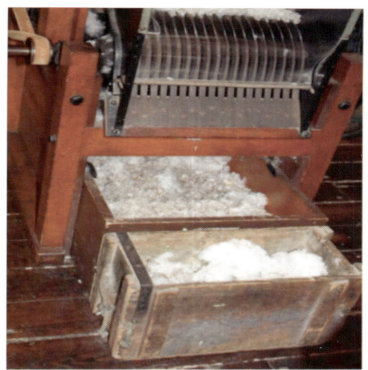

Interior de la Hilandería Slater, Pawtucket, RI

Cardado de la máquina para refinar el algodón antes de hilarlo

Máquina manual de enredar el hilo antes de la Revolución Industrial

Máquinas de enredar el hilo durante la Revolución Industrial

126

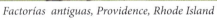
Factorías antiguas, Providence, Rhode Island

Ana Arelys Cruz Cabrera

127

El Rio Pawtuxet, Factorías vieja reconstruidas que hoy albergan otras companias y negocios, Warwick, RI

Edificios de Factorías que han sido renovadas y son usadas ahora como edificios comerciales.

Una Factoría convertida en la Escuela de Medicina Alpert

La Industria de la Joyería

El surgimiento de la industria de joyería en Rhode Island comenzó en el siglo XIX. Nehemíah Dodge fue acreditado como uno de los primeros industrializadores de joyería. Creó una técnica para producir rollos de oro, que consistían en unir una fina hoja de oro a una hoja más gruesa de cobre con una pega de plata y después martillarlos y enrollarlos hasta que adquieran el grosor deseado.

Esta técnica le permitió ofrecer sus joyas a un precio más razonable, y la industria creció hasta un punto en el que los joyeros de Providence no solamente estaban vendiendo sus joyas en todo el estado si no en el todo país convirtiéndose en el centro industrial de la joyería en los Estados Unidos. La construcción arquitectónica de los edificios de factorías fue mejorada durante éste período, incluyendo mejor iluminación y eficiencia del espacio, una nueva tendencia en el campo de la construcción. Todavía hoy se cuenta con edificios de esa época como el edificio Coro y el Chapin.

Edificios que revolucionaron la construcción de ese tiempo, mas iluminación mas ventanas

Ana Arelys Cruz Cabrera

128

Economía actual

Actualmente, Providence es líder en cuidados de salud y servicios sociales, y es la casa de importantes corporaciones tales como Lifespan, Care New England, y Charter Care. Además, el Banco Citizen y Textron contribuyen con la empleomanía del estado. Rhode Island es la casa de la oficina principal de CVS Caremax una compañía farmacéutica nacional en Woonsocket y FM Global líder en seguros y especializado en prevención de pérdida de la propiedad en Johnston.

Turismo

La economía de Providence y de Rhode Island, aunque está en su punto más bajo en la actualidad, en su totalidad es impactada por la industria del turismo, incluyendo la ciudad de Providence con importantes museos históricos y el impresionante Parque Roger Williams. La ciudad de Newport un destino turístico de todos los tiempos que cuenta con El Salón de la Fama del Tenis donde se celebran eventos internacionales y el Club de Yates Lewis, Privado pero hermoso.

Además, la provincia Washington en el sur con hermosas playas y destinos de verano como las inmaculadas playas de Narraganset y la Ocean House en Westerly, entre otras.

Centros Tecnológicos de Newport

Otra área importante en la economía de Rhode Island es en la defensa del país y los centros tecnológicos de investigaciones como son el Naval Training and Education Center y el Naval Underwater Systems Research Center, éste último es responsable por el diseño de los sistemas de combate submarinos y el centro principal del Navy Technological and Engineering Research.

Hospital de Niños Hasbro, Lifespan

Hospital Rhode Island, Lifespan

129

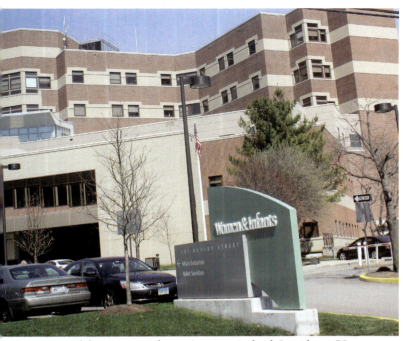

Hospital de Mujeres e infantes, Care New Ingland, Providence, RI

Hospital Kent, Care New Ingland, Warwick

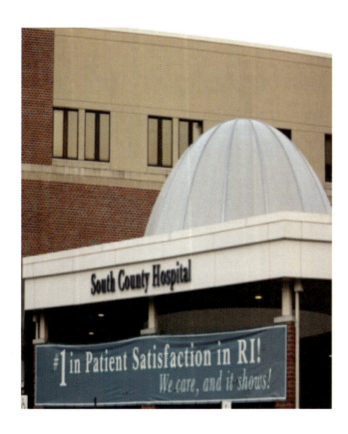

Hospital Roger Williams , Care Charter, Providence, RI

130

Distrito Financiero, Textron, Providence

Privado (members only), Lewis Yacht Club,

Salón de la Fama de Tenis de, Newport

131

El edificio Turks Head *Calle Westminster, Centro de la Ciudad de Providence*

La mujer, la economía y el voluntariado

La mujer empresaria en Rhode Island ha estado en aumento y ha impactado la economía positivamente, convirtiéndose en una nueva tendencia. A pesar de que la economía de Rhode Island en la actualidad no está en su mejor etapa, los negocios de las mujeres están jugando un papel muy importante en muchos sectores, tales como los centros de cuidados de niños en el hogar, los cuales están realizando una campaña de alfabetización a temprana edad en conjunto con el departamento de educación, los salones de belleza y restaurantes son otros de los negocios en los que las mujeres han estado incursionando satisfactoriamente. Aunque su participación es limitada si es comparada con otros estados de la Unión Norte Americana, el impacto es positivo localmente y continúa creciendo. Más de una organización ha estado trabajando para capacitar a la mujer para poder dirigir sus propios negocios.

Las mujeres de Rhode Island también dedican muchas horas haciendo trabajos voluntarios y más de uno de esos programas han sido creados para la formación y capacitación de las mujeres líderes en diferentes áreas: social, política, de negocios, de salud, entre otros.

Carmen Díaz Jusino, abogada dominicana que actualmente reside en Rhode Island, ha estado dedicando su tiempo a trabajar con mujeres jóvenes interesadas en asumir puestos de liderazgo en el futuro. Ella indicó que el 97% de la economía de los Estados Unidos está basada en pequeños negocios y 79% de ellos son propiedad de mujeres. Ella es actualmente la Directora del Centro para Mujeres de Negocios y encargada de entrenar las mujeres interesadas y convertirlas en mujeres triunfadoras en el manejo de sus negocios. Ella ha instruido, guiado y orientado a muchas mujeres de Rhode Island y les ha proporcionado las herramientas necesarias para triunfar.

132

Carmen Diaz Jusino, Directora del CWE

Salones de belleza y restaurantes, Broad, Elmood y otros en Rhode Island

La hermana María Teresa Francis Ryan es una monja y voluntaria que ha estado ofreciendo sus servicios a la comunidad en Cuidados Pastorales en el sistema de salud por muchos años. Ella visita los hospitales donde habla con los pacientes ofreciéndole apoyo moral y espiritual.

Del otro lado, Gloria Hincapié es una colombiana que reside en Rhode Island y su pasión por la gente de Rhode Island es muy obvia, especialmente por aquellos en necesidad, tales como niños y mujeres que sufren de cáncer. Ella ha trabajado muy de cerca con la comunidad por medio de diferentes organizaciones ofreciendo orientaciones a las mujeres y sus familias y mostrándole el camino para que puedan manejar mejor su situación. Hoy, ella es la Directora de la Asociación de Leucemia y Linfoma en Cranston, Rhode Island. Cuando se le preguntó cómo la situación económica ha afectado a nuestros pacientes que sufren de cáncer, ella indicó que el costo médico para el tratamiento de los pacientes que sufren de cáncer puede ser muy elevado.

Hermana María Teresa Francis

Gloria Isabel Hincapié

Por lo tanto, el costo financiero puede ser una carga para estas personas con cáncer y podría afectar las decisiones médicas hechas por ellos y sus doctores. Sin importar si el paciente tiene seguro o no, después del diagnóstico, es importante hablar abiertamente con el mismo o el equipo de cuidado de la salud del paciente sobre el costo de su tratamiento médico, incluyendo el co-pago por las citas con el doctor, el costo del tratamiento y de los medicamentos, costo de transportación y gastos familiares regulares, entre otros. El trabajo que Gloria realiza no está limitado a sus horas de trabajo. Sin el menor esfuerzo y mucha amabilidad ella les ofrece a las personas que se lo solicitan las conexiones que están a su alcance y siempre en un ambiente de respeto y cariño.

Sylvia Bernal, Doris Mejia, Ana Cecilia Rosado, Doris de los Santos, Sonia Cancel, Liseth Barroso

Ana Cecilia Rosado, Liseth Barroso, Susana Torres, Perla Benítez, Belkys Gravel, Dominga Martinez, Sonia Cancel, Sylvia Bernal, mujeres que trabajan por el bienestar de la comunidad, Providence, RI

Otros Contrastes

Rhode Island fue muy afortunada de ser fundada por un hombre cuyo único interés era el bienestar de sus ciudadanos y los nativos; por otro lado, Santo Domingo fue conquistado por hombres a los que solo les importaba la avaricia del oro. Rhode Island está localizada en la parte Noroeste de los Estados Unidos y es una de los cinco estados que forman Nueva Inglaterra conjuntamente con New Hampshire, Maine, Massachusetts, Connecticut y Vermont. La República Dominicana está localizada en las Antillas Mayores conjuntamente con Cuba, Jamaica y Puerto Rico.

La bahía más grande de Rhode Island es la Bahía de Narragansett, y la República Dominicana tiene la Bahía de Samaná y su río y lago más importantes son el Yaque del Norte y el Lago Enriquillo, respectivamente. El río más importante de Rhode Island es el Río Sakonner y el lago es el Scituate Reservoir.

El pico más alto de la República Dominicana, el Pico Duarte, tiene 2,840 metros más de altura que el pico más alto de Rhode Island, el Jerimoth Hill, con 247 metros de altura. La isla más grande que Rhode Island posee es la Aquidneck Island, y la República Dominicana cuenta con la Isla Saona, ambas islas son maravillosas atracciones turísticas, pero Aquidneck cuenta con la ciudad de Newport un destino turístico de reputación internacional por muchos años. El océano Atlántico peina a ambas, Rhode Island en el sur y República Dominicana en el norte. Dos ciudades con historias diferentes y distantes una de la otra, pero históricamente muy influyentes.

Puente Claiborne Pell, Newport, Bahía de Narragansett, Rhode Island

República Dominicana	Rhode Island

Ave Nacional,Cigua palmera
Museo de Historia Natural Dominicana

Ave del Estado (tipo de Gallo)
Rhode Island Rojo

La Flor Nacional, Rosa Bayahibe

Flor oficial de Rhode Island, Violeta

Árbol Nacional, Caoba

Árbol Oficial, Maple Rojo

Bebida más popular, Morir Soñando

Bebida oficial, Café con leche

Frutas tropicales más populares
Mango, naranja guineo of banana

Fruta oficial de Rhode Island
Manzana verde amarillenta

Ana Arelys Cruz Cabrera

137

Piedras preciosas de la República Dominicana

Piedra semi preciosa de Rhode Island

Larimar

Museo de Historia Natural

Larimar
Barahona, R. D.

Ambar

Bowenite

138

Pasión por el Béisbol

Estadio Quisqueya, Santo Domingo, República Dominicana

Estadio Fenway Park, Boston, Massachusetts

Rhode Islandeses y dominicanos tienen pasión por el beisbol. El siglo XIX es reconocido como el período de tiempo cuando el beisbol llegó a la República Dominicana y otros países de las Antillas Mayores. Se cree que cubanos que huyeron de Cuba debido a la guerra de los Diez Años fueron los que trajeron la técnica a la República Dominicana, que ha convertido éste en su deporte favorito. Al comienzo del siglo XX, el beisbol para la República Dominicana no era solamente un entretenimiento sino un deporte nacional con cuatro equipos: Los Tigres del Licey, San Carlos, Los Muchachos y Delco Lite. El primer estadio de béisbol fue construido en 1937 por orden del dictador Leónidas Trujillo, quien gobernó la República Dominicana por treinta años. En 1955 se fundó la Liga Dominicana de Beisbol Invernal (LDOM) que cuenta en la actualidad con seis equipos: Las Águilas Cibaeñas, Tigres del Licey, Leones del Escogido, Estrellas Orientales, los Toros del Este y los Gigantes del Cibao.

Juan Samuel

La República Dominicana ha estado compitiendo con Venezuela, Puerto Rico y México en la Serie del Caribe desde 1949, siendo el país que más juegos ha ganado. Los jugadores de beisbol dominicanos son reconocidos internacionalmente, por sus destrezas en el deporte. tales como Sammy Sosa el cual se convirtió en el primer jugador dominicano en batear los 500 cuadrángulares (home runs), el brillante Juan Samuel, Pedro Martínez y Juan Marichal, pitcher, que fue elegido al salón de la Fama del beisbol en Cooperstown (USA), entre otros.

A la misma vez, muchos de los jugadores profesionales de la República Dominicana forman parte del equipo de Los Medias Rojas de Boston, como David Ortíz, también conocido como "Big Papi", uno de los jugadores estrella. Los Medias Rojas de Boston es el único equipo profesional que representa a los Rhode Islandeses. Los Medias Rojas de Pawtucket (Paw Sox) es el equipo Triple A de Rhode Island, y cuenta con el Estadio McCoy en Pawtucket. Cardine Field en Newport se cree que es el estadio más antiguo de los Estados Unidos. Los equipos de los Estados Unidos se nutren de los jugadores de beisbol dominicanos para fortalecer sus equipos.

Ana Arelys Cruz Cabrera

139

141

Parque del Río Providence (Water Park), cortesía de Russ Venditto, gondolero

142

Bibliografía

1. US Bureau of the Census, 2000-2009, 2010,
2. The Bloody Tenent, Roger Williams, pp. 107 plus, Mercer University Press, 2001
3. Roger Williams National Memorial Park
4. www.citydata.com
5. http.nndb.com/people
6. www.celebrateboston.com
7. www.dem.ri.gov
8. http//www.rogerwilliams.org/biography.htm\
9. Rhode Island, Providence Journal, June 6, 2011
10. www.answers.com/topic/rogerwilliams,page; Roger Williams
11. Memorial Park, Providence, RI,
12. http: //www. Redwoodlibrary.org/notable/Clarke/htlm
13. http://www.lonang.com/exlibris/orgonic/1663.cri.htlm
14. The Rhode Island Government Owner's Manual (2009-2010 (P 283-287)
15. http://homepages.rootsweb.ancestry.com/
16. http://en.wikipedia.org/wiki/Roger_Williams_(theologian) (quote page 7)
17. www.cranstonri.com (history of the City of Cranston); citydata.com,
18. Slater Museum, Roosevelt Ave, Pawtucket-Kevin Klyberg, The Slater Mill
19. Roger Williams National Museum Park, Smith Street, Providence
20. The Coggeshall Museum Farm, 1790
21. The John Brown House Museum, Root found at Roger Williams Grave, on display
22. http//www.dlt.ri.gov./lmi/news/snapshot.htm; hptt://cloudhill.org,Warwick Villages
23. http://www.dominicanaonline.org/portal/images/monumentos/patrimonies_maps.html
24. http: //www.bancocentral.gov.do, Informe de la Economía dominicana, Enero-Marzo, 2011
25. The Gilbert Stuart Birthplace and Museum, www.
26. Newport Historical Society
27. First Synagogue, Touros Street, Newport, RI
28. Indian Point Park and Providence River
29. Polemicas de Enriquillo, pp. 12 467-468
30. Historia de Santo Domingo, Jacinto Gimbernard, pp. 116-117

31. www.riedc.ccm/file/2010/majoremployers.pdf (pp. 20-37)

32. Duarte y los Símbolos Patrios, Wilson Gómez, pp. 1-2,

33. Lideres Femeninos de la Republica Dominicana

34. Article 63-177), Organic Law of the Judicial Power (Law 821 of November 21, 1927 and its modifications

35. The Dominican Economy during the year 2011, pp. (2-3).

36. Triangle Trade www.understandingslavery.com/index.

37. Juan Pablo Duarte, ideario de Duarte, Instituto Duartiano, pp. 25, 2010

38. http://sos.rigov/library/famous/rogerwilliams.

39. The Rhode Island Government Owner's Manual, A. Ralph Mollis, pp. 287, 2009-2010

40. Record of the Colony of Providence Plantations, 1636-1663, Volume 1.D.R.

41. www.narraganset.tribe.org.

42. http://www.lifespan.org/about/reports/annual_report_2009,pdf-windowsinternetexplore

43. -http://www.canonicus.org.history.htm.

44. www.Cranston.com ,history of the city of Cranston, www.citydata.com

45. www.gilbertstuartmuseum.org

46. www.dominicantoday.com

47. http:www.cottontimes.co.uk/slater.htm

48. www.suncaribbean.net/rd_division.htm

49. www.city-data.com/us-cities/thenortheast/Providence-Economy

50. htmlhttp://www.dominicanaonline.org/portal/espanol/txt_estadisticaeduc.htmlhttp://

51. www.frasesypensamientos.com.ar/autor/juan-pablo-duarte.html

52. http://www.pbs.org/wnet/historyofus/web03/features/bio/BO5.html

53. http://ww.ballotpedia.org/wiki/index.php/Rhode_Island_Name_Change_Amendment

54. http://www.crwflags.com/fotw/flags/gb.eng.html

55. ttp://www.twelvetribes.com/publications/rogerwilliams/story-roger-williams.html, pp. 2

56. http://www.accessgenealogy.com/native/rhodeisland/index.htm

57. http://www.suncaribbean.net/rd_laisla_division.htm

58. Enriquillo Manuel de Jesús Galván, pp.11,12, 45-46.

59. http://memory.loc.gov/today/feb05.html

60. gilbertstuartmuseum.org

Entrevistas

Bertram Lippincott III
Bibliotecario de la Sociedad Histórica de Newport

Carmen Díaz Jusino
Directora del Centro para Mujeres de Negocios

Doris de los Santos
Presidenta del Comité Latino de Acción Política de Rhode Island

Gloria Hincapié
Directora de la Sociedad de Leucemia y Linfoma en Cranston, RI

Grace Díaz
Diputada al Congreso o Asamblea General de Rhode Island

Juan Pichardo
Senador del Congreso o Asamblea General de Rhode Island

Kevin Klynbert
Hilandería Slander, Pawtucket, Rhode Island

Kin Fernández Sánchez
Asesor Cultural del Cluster Turístico de Santo Domingo (CTSD)

Paul Campbell
Archivista del Archivo General de la Alcaldía

Tony Aristy
Artísta en la pintura dominicana, Casa de Estado

Bulevar de Santo Domingo, República Dominicana

Parque Roger Williams, Providence, Rhode Island

146

Bandera de la República Dominicana
Concebida y disiñada por Juan Pablo Duarte

Confeccionada por:
Concepción Bona, María Trinidad Sánchez,
Isabel Sosa, María de Jesús Pina, Las Hermanas
Villa y Ana Valverde

Julio 16, 1838

Bandera de los
Estados Unidos

Confeccionada por:
Betsy Ross

Mayo, 1776

Bandera Rhode Island and
Providence Plantations, 1897

147